살아줘서
고마워요

살아줘서 고마워요

사랑PD가 만난
뜨거운 가슴으로
삶을 껴안은 사람들

유해진 지음

문학동네

차례

프롤로그 당신들로 인해 세상은 좀더 아름다워졌습니다,
         살아줘서 고마워요 … 006

Part 1 인생은 폭풍이 지나가기를 기다리는 것이 아니라,
        비와 함께 춤추는 것

   옆에 있어주지 못해 미안해, 내 사랑 … 014
   열두 살 소년의 유일한 꿈은, 동생들이 죽지 않는 것 … 032
   암병동의 닭살 커플 … 046
   가난한 로커의 위대한 전설 … 059
   저는 아프면 안 돼요, 엄마니까요 … 078

Part 2 천 가지 슬픔은 한 가지 기쁨으로 덮인다

   엄마가 되고 싶은 엄지공주 … 096
   바보 같은 사랑 … 112
   가장 진실한 사람의 모습 … 121
   '정의의 주인공들'에게 영광을! … 137
   진실을 말한다는 것 … 146

Part 3 　삶이란 그래도 계속 나아가는 것

　　　피의 현장, 그곳에도 '사람'이 산다 … 160
　　　총 앞에 맨몸으로 선 여인 … 174
　　　누구에게나 '그날'은 있다 … 194
　　　가난은, 가난 때문에 울지 않는다 … 206
　　　다큐 피디로 산다는 것 … 216

Part 4 　나는 아직도 사랑이 아프다

　　　사백삼십 일의 고군분투 끝에 얻은 이름 … 226
　　　나는 아직도 사랑이 아프다 … 240
　　　내 편견을 무너뜨린 스타들 … 249
　　　그녀 생애 마지막 스캔들 … 266

에필로그　당신의 아름다움의 순도는 몇 퍼센트인가 … 275

프롤로그

당신들로 인해
　　세상은 좀더
아름다워졌습니다,
　　　살아줘서 고마워요

　나는 KBS의 코미디 프로그램 〈개그콘서트〉를 즐겨 본다. 기발한 아이디어와 통쾌한 풍자로 가득한 그 프로그램을 통해 일주일간 쌓였던 스트레스를 웃음과 함께 날려버릴 수 있어서다. 특히 '달인'이라는 코너를 무척 좋아했다. 지금은 사 년간의 수명을 다하고 폐지된 코너지만 매번 감탄하고 탄복하면서 보곤 했다. 코너의 주인공 김병만씨가 보여주는 연기에는 진정성과 절박함이 충만해 있었기 때문이다. 기지가 번뜩이는 애드리브가 탁월한 것도 아니고, 화려한 입담을 자랑하는 것도 아닌 단신의 희극연기자가 온몸을 바쳐 표현해낸 연기에는 시청자의 마음을 사로잡는 마력이 있었다.

'어떻게 저런 기술을 일주일 만에 준비했을까? 얼마나 피나는 노력을 했을까?'

아마 모두가 같은 생각이었을 것이다. 코너를 시청할 때마다 나는 늘 마음으로 기립박수를 치곤 했다. 그런데 '달인' 코너를 보면, 늘 똑같은 형식의 소개 멘트가 나왔다.

"십육 년간 최면술을 연구해오신 최면술의 달인, 잠결 김병만 선생." "십육 년간 최고급 요리만을 연구해오신 최고급 요리의 달인, 삼 분 김병만 선생." "십육 년간 격파에만 매진해오신 격파의 달인, 골병 김병만 선생."

기본 형식은 '십육 년간 ○○만 연구해오신 ○○의 달인'인 것이다. 갑자기 한 가지 의문이 생겼다. 십육 년간 한 우물만 파면 과연 '달인의 경지'에 오르게 되는 걸까. 나는 1996년 이래로 지금까지 십육 년 동안 TV 피디로 지내면서 다큐멘터리만 연구하고 제작해왔는데, 아직 '다큐멘터리의 달인'은커녕 '전문가'라고 하기에도 부족한 게 사실이다. 부끄러움이 살짝 만져졌다. 우연히 그 생각을 해본 이후, '달인' 코너를 시청할 때면 재미있게 보다가도 불쑥 찜찜함이 고개를 쳐들곤 했다.

2011년 가을, '달인'이 '국제에미상 International Emmy Awards' 비대본 엔터테인먼트 부문 최종결선에 진출, 한바탕 화제가 됐다. KBS 드라마 〈추노〉의 주인공 장혁씨도 남우주연상 부문 후보로 함께 올라

더 큰 화제를 불러일으켰다. 국제에미상은 매년 전 세계 TV를 대상으로 열 개 부문에 걸쳐 시상을 한다. 그런데 내가 연출했던 〈휴먼다큐 사랑〉 '풀빵엄마' 편이 바로 한 해 전인 2010년, 다큐멘터리 부문에서 국제에미상을 수상했다. 그래서 내가 좋아하는 '달인' 코너가 국제에미상 최종결선에 올랐다는 소식이 남다르게 반가웠다. 특별한 유대감이 느껴지는 것 같았다.

사람들은 나를 보고 상복賞福이 많다고 한다. 십육 년간 TV 피디로 지내오면서 적지 않은 국내외 상들을 수상했다. 특히 2010년 대한민국 방송사상 최초로 국제에미상을 수상한 것과 2007년 〈휴먼다큐 사랑〉 '너는 내 운명' 편으로 한국에서 두번째로 반프월드TV페스티벌Banff World Television Festival에서 상을 수상한 것은 한국 방송 역사에 새겨질 큰 영광이었다(흔히 국제에미상, 반프월드TV페스티벌, 프리이탈리아Prix Italia를 가리켜 세계 삼대 TV상이라고 한다). 그러고 보면 내가 상복이 많기는 한 것 같다.

하지만 나는 안다. 나는 상복보다 인복人福이 더 많다는 사실을. 십육 년간 TV 프로그램을 제작해오면서 정말이지 멋진 사람들을 많이 만났다. 진실한 사랑이 존재한다는 사실을 깨닫게 해준 '너는 내 운명'의 정창원씨, 죽음을 넘어선 위대한 모성애를 보여준 '풀빵엄마'의 최정미씨, 조국의 평화를 위해 자기 한 몸을 아낌없이 내던진 '총 앞에 선 여인'의 후웨이다씨, 자신의 장애를 대물림하지 않기 위해 필사적인 노력을 펼치고 마침내 기적 같은 출산을 이뤄낸 '엄지공주, 엄마가 되고 싶어요'의 작은 거인 윤선아씨, 얄팍한 계산 없이 우직하게 노력하는 삶의 가치를 알려준 '진호야 힘을 내'의 자폐청년 김진호씨…… 가슴 한가득 아름다움을 품고 사는 사람들을 많이도 만났다. 그들을 만났고, 촬영했고, 방송했다. 나는 그들이 받았어야 할 상들을 대리수상했을 뿐이다. 단지 내가 칭찬받아야 할 몫이 있다면, 그들의 가치를 놓치지 않고 알아봤다는 사실 정도일 것이다.

나는 또 그 만남들을 통해 피디로서 큰 보람까지 얻을 수 있었다. 아름다운 삶은 마치 꽃과 같다. 그 향기는 사방으로 퍼져나가는 기운이 있고, 향기를 맡게 되는 사람들의 가슴에는 깊은 울림이 전해진다. 그래서 내가 프로그램을 통해 아름다운 삶의 주인공들을 소개할 때마다 시청자들은 깊은 감동을 받았다는 소감을, 또 주인공들을 본받아 아름다운 삶을 위해 노력하겠다는 다짐을 전해오곤 했다. 내가 감히 누군가의 삶을 건강하게 변화시키고 있다는 사실이 놀랍기도 했고, 벅찬 보람도 느낄 수 있었다. 피디로 일하면서 품을 수 있는 황홀한 만족감이 아닐까 싶었다.

내가 만났던 사람들, 그리고 사랑들에 대해 책을 출간해보자는 제안을 받게 됐다. 최초로 제안을 받은 건 2008년이었다. 잠시, 책을 내도 좋지 않을까라는 생각을 했었다. 하지만 결국 뜻을 접었다.

이유는 간단했다. 아름다운 삶의 주인공들에 대한 이야기를 '내가' 정리해야 한다는 것이 못내 불편했다. 내 안의 자기모순조차 감당하고 있지 못하면서 짐짓 거룩한 척하며 글을 써야 한다는 사실이 천근의 무게로 나를 짓눌렀다. 결국 짐을 내려놓았다.

다시 출간을 제안받은 건 2011년이었다. 그사이에 '풀빵엄마'가 동화로 출판됐고, 한 번 방송되고 마는 TV 다큐멘터리의 속성을 넘어서는 놀라운 결과를 만들어냈다. 사람들은 꾸준히 그 책을 손에 잡았고 최정미씨가 남기고 간 위대한 모성애가 사람들의 가슴속에 오래도록 짙은 여운으로 남는 것을 보았다. 이번에는 제안을 받아들였다. 여전히 두려움은 존재했고 걱정은 남아 있었지만, 내가 만난 그 '위대한 사랑들'을 한순간의 화제로만 그치게 하고 싶지 않다는 욕심이 더 크게 움직였다. 내가 만난 위대한 사랑과 아름다운 사람들에 대한 이야기가 팍팍한 세상에 온기를 더할 수 있을 거라는 확신이 있었다.

우리가 알지 못하는 어느 곳에 뜨거운 삶을 살아가는 사람들이 있음을, 이 세상 어딘가에 진정한 사랑이 꽃피고 있음을 반드시 알리고 오랫동안 기억하도록 만들고 싶었다.

이 책은 내가 만난 사람들에 대한 기록이다. 〈휴먼다큐 사랑〉 〈W〉 〈MBC스페셜〉 〈PD수첩〉 〈사과나무〉 〈시추에이션 휴먼다큐 그날〉 등 십육 년 동안 다큐 피디로 활동하며 만난 우리 이웃들의 이야기다. 믿기 힘들 만큼 끈끈한 가족애, 보는 이를 숙연하게 만드는 지고지순한 사랑, 결코 꺾일 줄 모르는 의지와 희망 앞에서 나는 울고 웃고 감동했다. 그리고 그들을 향해 늘 속삭였다.

"뜨겁게 살아줘서 고마워요, 아름다운 삶을 살아줘서 고마워요, 그리고 이 삶의 주인공이 당신이라서 정말 고마워요."

뜨거운 가슴으로 삶을 껴안았던 사람들, 처참한 상처에 희망의 꽃을 피워냈던 사람들…… 그들은 우리 주변 어디에서나 만날 수 있는 평범한 이웃들이지만, 머리 대신 가슴으로 살았던, 누구보다 최선을 다해 삶을 살아냈던 '희망의 증거들'이다. 그들의 이야기가 당신의 팍팍한 삶을 따뜻하게 위로할 수 있길 바라며, 내가 만났던 그 감동의 순간들을 하나씩 꺼내보려 한다.

2012년 10월
유해진

Part 1

인생은 폭풍이
지나가기를
기다리는 것이 아니라,
비와 함께 춤추는 것

폭풍이 휘몰아치는 생의 한가운데서
속수무책 앉아만 있었던 지난날의 내게, 인생은
'폭풍이 지나가기를 기다리는 것'이 아니라
'비와 함께 춤추는 것'이란
사실을 알려준 사람들이 있었다.
그들은 누구보다 거센 비바람 속에서
흔들리고 아파하며 한 송이 꽃을 피워낸
'희망의 증거들'이었다.

옆에 있어주지
못해 미안해,
내 사랑

'가족'이라는 단어처럼 사람에 따라 의미가 달라지는 말이 또 있을까. 그가 겪어온 삶, 그가 살아온 시간에 따라 이 하나의 단어가 품게 되는 함의는 판이하게 달라지는 것 같다. 어떤 사람에겐 '평생을 지고 가야 할 짐'으로, 어떤 사람에겐 '떠올리기만 해도 아픈 상처'로 해석된다. 누군가는 '살아가는 힘이자 이유'로, 누군가는 '세상에서 가장 따뜻한 이름'으로 간직한다. 다양한 의미만큼 그 안에 담기는 감정의 결도 제각각이다. 아픔, 원망, 좌절, 분노, 절망을 느끼는 이가 있는가 하면 기쁨, 행복, 보람, 사랑, 감사를 떠올리는 이도 있다.

하지만 그 어떤 경우라도 가족이 늘 짐이기만 하거나 늘 힘이기만 할 수는 없는 것 같다. 세상에 오직 나 혼자라 여겨지는 순간, 그 누구도 나를 이해하지 못하고 알아주지 못한다고 좌절할 때, '어떤 나'라서가 아니라 '그냥 나'라서, 그 이유 하나만으로 내 존재를 인정하고 감싸안아주는 가족이 있다는 사실에 위안받을 때가 있다. 프랑스 소설가 모루아André Maurois가 "가정은 사람이 있는 그대로의 자기를 표현할 수 있는 장소"라고 말했듯, 가족은 맨얼굴을 부끄러움 없이 보여줄 수 있는 유일한 사람들이다.

하지만 때론 피를 나눈 사람들인데 어쩜 남보다도 내 마음을 더 몰라주는지, 야속하고 원망스러운 순간도 있다. MBC 드라마 〈네 멋대로 해라〉에는 자식에게 보탬이 되기는커녕 자식을 '등쳐먹고' 사는 어머니가 등장한다. 다른 남자와 눈이 맞아 자식을 버리고 도망간 것도 모자라 자식이 소매치기로 번 돈을 받아 가게를 차리는 어머니. 하지만 남자 주인공 '복수'에겐 그런 어머니일망정 가족이라는 사실만으로 감사하고 소중한 존재다. 그런 주인공의 심경이 머리로는 이해되지 않았지만 가슴으로는 알 수 있을 것 같았다.

때론 아프고 때론 기쁜 이름, 가끔은 힘겹지만 가끔은 힘이 되는 존재…… 그 모든 의미와 감정이 어우러져 가족이라는 하나의 단어를 완성해내는 건 아닐까. 그래서 가족에 대해 말하는 건 늘 어렵다. 사람에 따라 상황에 따라 의미와 감정이 달라지는 이 복잡미묘한 존재에 대해서는 이야기하기가 조심스러워진다. 그럼에도 쉽지 않은 화두를 구태여 꺼내든 이유는 내가 만난 어느 가족이 보여준 아프고 또 아름다운 사랑의 모습 때문이다.

"아빠, 힘내세요. 우리가 있잖아요. 아빠, 힘내세요. 우리가 있어요~"

아홉 살 영훈이와 일곱 살 규빈이가 서툰 율동을 섞어가며 노래를 부른다. 바라보는 준호씨의 입가에 흐뭇한 미소가 번진다. 자식의 재롱 앞에 웃지 않을 아버지는 없겠지만 그의 가슴이 더욱 벅차오르는 이유는, 어쩌면 자신이 볼 수 있는 아이들의 마지막 모습일 수도 있다는 생각 때문이다. 그랬다. 준호씨는 병원으로부터 한 달을 선고받은 말기 암환자였다.

2007년 방송된 〈휴먼다큐 사랑〉 '안녕, 아빠'의 주인공 준호씨 가족을 만난 건 2006년 11월이었다. 앞서 2006년 〈휴먼다큐 사랑〉 '너는 내 운명'을 통해 죽음과 마주한 사랑을 그렸다. 두 주인공의 사랑이 워낙 크고 깊은 것이긴 했지만, 사랑이 죽음이라는 극한상황 앞에서 더욱 순결해지고 더욱 아름다워진다는 사실을 알게 됐다. 그래서 다시 한번 '죽음 앞에 선 사랑'을 준비했다. 아름다운 이별을 준비하는 준호씨 가족을 통해 한없이 경건하고 숭고한 사랑을 나누는 가족의 모습을 보여주고 싶었다.

준호씨가 대장암 말기 판정을 받은 건 2006년 1월. 그때만 해도 가족들은 '기적'을 기대했다. 그가 이미 암을 이겨낸 경험이 있기 때문이다. 1999년, 준호씨가 아내 은희씨와 결혼한 지 이 년이 지났을 때 처음 암이 발병했다. 첫째 영훈이가 돌도 되기 전이었고 은희씨는 둘째 규빈이를 임신중인 상황이었다. 모두가 아이를 지우라고 했다. 최악의 상황을 고려하지 않을 수 없었기 때문이다. 하지만 그녀는 고집을 꺾지 않았다. 다시는 남편의 아이를 갖지 못할지도 모르니, 어쩌면 남편이 마지막으로 남기고 떠나는 선물일 수도 있는 소중한 생명을 버릴 수 없었다.

사실 두 사람의 결혼도 기적에 가까웠다. 은희씨와 준호씨는 1994년 성당에서 처음 만났다. 당시 그녀는 수녀가 되기 위해 준비중이었고 당연히 결혼은 그녀의 인생에 끼어들 수 없는 변수였다. 그런 그녀의 마음을 얻기 위해 준호씨는 삭발까지 감행하며 청혼했고, 그 노력과 열정에 그녀의 마음이 돌아섰다. 준호씨는 은희씨에게 사랑하는 일이 얼마나 따뜻하고 행복한 것인지 그 기쁨을 알려준 사람이었다. 그런 사람의 아이였기에 결코 포기할 수 없었다.

이성이나 논리보다 감정과 마음이 먼저 작동하는 것, 사랑이라는 영역에서는 흔하고 당연한 일이다.

그때 준호씨가 기적처럼 암을 떨치고 건강을 회복했다. 그리고 칠 년 동안 건강하고 씩씩하게 살아왔다. 그러니 이번에도 일어날 수 있을 거라고, 암 따위는 거뜬히 이겨낼 수 있을 거라고 가족들은 믿고 있었다. 그렇게 믿고 싶었다.

하지만 믿음이라는 것은 배반되는 순간, 절망으로 옷을 갈아입는다. 간절히 바라고 온 힘을 다해 소원해도 결코 달라지지 않는 현실은 우리를 한없이 무기력하게 만들어버린다. 준호씨의 암은 대장뿐 아니라 십이지장과 위장까지 전이돼 있었다. 극심한 통증이 그를 시시때때로 괴롭혔다. 결국 통증전문의가 최후처방을 내렸다. 의사는 은희씨와 준호씨를 불러 내장신경차단술을 권유했다. 내장으로 통하는 신경을 파괴해서 통증조차 느끼지 못하도록 만드는 시술이었다. 그런데 의사는 준호씨가 시한부 통보를 받았다고 착각했던 모양이다.

"교과서에는 삶이 한 일 년 남은 사람한테만 쓰라고 돼 있어요."

그러나 아직 시한부 선고를 받지 못했던 준호씨는 놀라서 되물었다.

"여생이 일 년이요?"

"여생이 일 년 이하인 사람 중에서 엄청난 통증 때문에 살아 있어도 살아 있는 게 아닌 사람이 있을 수 있거든요."

준호씨는 실낱같은 가능성이라도 붙잡고 싶은 마음에 물었다.

"이게 나중에 다시 몸이 많이 좋아지면……"

"그럴 가능성이 조금이라도 있으면 하면 안 돼요."

그것은 사형선고였다. 어차피 얼마 남지 않은 생, 잠시라도 편안히 살라는 '잔혹한 배려'였다. 내장을 쥐어짜는 고통이 하루에도 수차례 준호씨를 부지불식간에 찾아와도, 진통제로도 잦아들지 않는 고통을 참아오면서도, 어쩌면 살 수 있을지도 모른다고, 살아서 아이들이 커가는 모습을 계속 지켜볼 수 있을지도 모른다고 생각했는데…… 고통과 싸우는 와중에도 포기하지 않았던 희망이 송두리째 날아간 순간, 준호씨는 이성을 잃고 말았다.

"그러면 별 가능성도 없잖아. 죽이자는 거야, 나를? 나를 죽이자는 거야?"

의사를 향해 분노했지만 사실 누구도 탓할 수 없었다. 하늘을 원망하기엔 대상이 너무 모호했고, 곁에 있는 사람들은 그들이 감내하는 고통만으로도 충분히 힘겨워하고 있었다. 그렇게 준호씨는 실체 없는 대상을 향해 분노할 수밖에 없었다. 고민 끝에 시술을 포기하고 퇴원을 택했다. 그는 아이들 곁으로 돌아가기를 원했다. 어차피 짧게나마 허락된 시간이라면 그 시간을 온전히 아이들과 함께 쓰고 싶었던 모양이다.

함께 있는 것이 얼마나 소중한 일인지, 은희씨는 남편이 아프고 나서야 비로소 깨달았다고 한다. 그녀는 남편의 투병과 함께 두 사람, 세 사람의 몫을 살아내고 있었다. 가계를 책임져야 하기에 직장을 다니며 가장의 역할을 떠안았고 아이들의 엄마, 아픈 남편의 아내 역할도 게을리하지 않았다. 아침에 아이들을 깨워 밥을 먹이고 학교로 보낸 후, 병원을 찾아 밤새 남편의 안녕을 살피고 직장으로 향했다. 점심시간에 다시 병원에 들러 남편의 점심을 챙기고 서둘러 직장으로 복귀했다가 퇴근과 함께 집을 향해 뛰었다. 아이들 숙제와 저녁밥을 챙기고 다시 병원으로 갔다가 밤늦게 귀가하는 나날들. 지켜보는 나로서는 정말 아찔했다. 이렇게 몇 개월간 지속된 생활은 그녀의 건강을 악화시켜놓았다. 하지만 그녀는 그런 자신의 생활에 일종의 행복감을 느끼고 있다고 말했다.

"제가 아빠를 지금처럼 이렇게 희생하는 마음으로 사랑했더라면 지난 십 년 동안 결혼생활이 참 행복했을 거란 생각을 했어요. 왜 진작 내가 이런 마음으로 남편을 대하지 못했을까. 지금은 제 모든 것을 다해서 아빠를 사랑하고 있거든요. 그래서 지금 생활은 힘들지만 한편으로는 참 행복하다는 생각도 해요."

왜 우리는 그것을 '잃었을 때'라야 비로소 '가졌을 때'의 소중함을 깨닫는 걸까. 그것이 '없어져야만' '있어서' 행복했다는 사실을 알게 되는 걸까.

은희씨의 이야기를 들으며, 나는 우리가 지금 알고 있는 걸 그때도 알았더라면 삶이 얼마나 달라졌을까, 라는 무의미한 생각을 만져봤다. 하지만 나는 안다. 다시 시곗바늘을 되돌린다고 해도 지금 알고 있는 걸 그때는 절대 알 수 없다는 사실을. 그때를 거쳐 지금으로 오기까지 부딪치고 깨지며 겪었기에 이제야 간신히 알게 된 것임을. 그래서 '한편으로는 참 행복하다'는 그녀의 말을 백번 공감할 수 있었다. 지금이라도 깨달아서, 더 늦지 않게 알 수 있어서, 그나마 다행인 것이다.

집으로 돌아온 뒤 준호씨는 아이들과 어느 때보다 행복한 시간을 보냈다. 당시 유행하던 개그 프로그램의 주인공 '마빡이' 흉내를 내며 한바탕 웃음을 터뜨리기도 하고, 작은 식탁에 둘러앉아 넘어가지 않는 밥을 열심히 먹기도 했다. 딸 규빈이는 학교숙제라며 준호씨의 발을 씻겨줬고, 그에 질세라 아들 영훈이는 어느새 커진 손과 발을 아빠에게 자랑하며 품을 떠나지 않았다. 문득 궁금했다. 이 어린아이들이 아빠의 병을 제대로 이해하고 있는 걸까. 그저 자기들이 몸살감기를 앓듯, 조금 아프다 훌훌 털고 일어날 병 정도로 생각하고 있는 건 아닐까. 못된 궁금증에 아이들에게 물었다.

"규빈아, 너는 제일 아픈 병이 뭐야?"

"배 아픈 거요."

"영훈이는?"

"이빨 썩는 거."

"그럼 아빠는 어디가 아픈 거니?"

"배요. 안쪽 말고 바깥쪽. 아무튼 심각해요."

떠올릴 수 있는 통증이 고작 치통과 복통인 아이들이 아빠가 겪고 있는 아픔을 상상하기란 어려운 일일 것 같았다. 아이들은 아빠가 죽음과 벌이는 사투를 짐작이나 할 수 있을까. 하지만 짐작할 수 없어 다행이었다. 옆에서 함께 아파한다고 그의 고통을 나눌 수 있는 건 아니니, 차라리 모르는 편이 나았다.

"그럼 어떻게 하면 아빠가 나을 것 같아?"

"엄마 아빠 말씀 잘 들으면."

정말 착한 아이가 되면 아빠의 병이 나을 수 있다고 믿었던 건지, 영훈이와 규빈이는 아빠를 잘 따랐고 집에는 내내 행복한 기운이 맴돌았다. 하지만 그 평화의 시간에 묘한 긴장감이 흘렀던 이유는 언제 준호씨의 몸을 덮쳐올지 모르는 통증 때문이었다. 그리고 얼마 후, 우려한 대로 통증이 점령군처럼 몰려왔다. 밤새 구토와 복통이 이어졌고 거의 탈진 상태에 빠진 준호씨는 다시 병원에 입원해야 했다.

2006년 11월, 준호씨는 휠체어를 타지 않고는 병실 밖 출입도 어려운 상황에 이르렀다. 통증 때문에 엄청난 양의 모르핀이 투여됐고 일체의 음식 공급이 금지됐다. 극심한 고통의 와중에도 그는 아이들을 걱정했다. 아이들이 자신 같은 신세가 된다는 것에 대해 공포에 가까운 두려움을 느꼈다. 사실 그는 열한 살 때 대장암으로 어머니를 잃고 사춘기를 방황하며 보냈다. 그런데 기적이 일어나지 않는다면, 이제 그의 아이들은 자신보다 어린 나이에 아버지를 잃게 되는 것이다. 어린 아들딸에게 힘겨웠던 삶을 그대로 대물림해야 한다는 사실이, 아픈 준호씨를 더욱 아프게 했다.

그에게서 마음의 통증이라도 덜어주려는 거였을까. 암세포는 간까지 전이돼 뇌에도 손상을 입혔다. 언젠가부터 준호씨는 시간과 공간을 구별하지 못했고 생각하는 단어를 글로 쓰지도 못했다. 통증은 다양한 형태로 나타났다. 어떤 날은 한 곳이 가렵기 시작해서 순식간에 온몸으로 가려움이 번졌다. 준호씨는 얼이 빠진 사람처럼 온몸을 미친 듯이 긁어대며 고통을 호소했다.

가려움이 준호씨를 공격한 그날, 하필이면 막내 규빈이가 병실에서 놀고 있었다. 그간 아이들 앞에서는 아픈 티를 내지 않으려 노력했기에 아이는 그런 아빠의 모습을 처음 봤다. 놀란 표정의 아이. 규빈이를 데리고 병실 밖으로 나가야 하지 않나 고민하는 순간, 아이가 아빠 곁으로 다가갔다.

"제가 긁어드릴게요."

"고마워, 규빈아."

"간지러워?"

"응. 가려워. 규빈아, 고마워. 우리 규빈이 최고야, 우리 규빈이 최고야······"

조막만한 손으로 아빠의 몸을 긁어주던 아이. 아마 그것은 어떤 본능이었던 것 같다. 소중한 사람을 위해 무엇이라도 하려는 원초적인 반응. 평소와 전혀 다른 아빠의 모습이 낯설고 두려웠겠지만 그 공포를 뛰어넘는 사랑이, 아이로 하여금 아빠로부터 물러서기보다 아빠에게 다가가도록 만든 것이 아니었을까. 사랑이 지니는 설명할 수 없는 힘을 나는 규빈이의 돌발행동을 통해서 다시금 확인했다.

아이는 아빠의 모습이 무섭지 않아서가 아니라 무섭지만 그래도 다가섰던 것이리라.

사랑, 하니까.

그런 딸의 모습을 보며 준호씨는 다시금 생에 대한 강한 열망을 품었을 것이다. 하지만 그날 병실에서는 또하나의 침상이 비워졌다. 말기 암환자들의 병동에서는 익숙한 풍경이지만 침대가 하나씩 비어갈수록 준호씨에게 남은 나날도 얼마 남지 않았음을 의미했다. 아무도 말하지 않았지만 모두가 알고 있었다. 준호씨를 지켜보는 가족도, 또 그들 곁에 있는 나와 스태프도, 모두가 가슴을 졸이며 하루하루를 보내야 했다.

하지만 우리가 아무리 힘겨워하고 슬퍼한다 한들 당사자인 준호씨의 상황에 비할 수는 없었다. 육체적 통증보다 더욱 그를 옥죄어오는 것은 정신적 고통인 듯했다. 은희씨의 친정어머니가 병실을 찾았던 날, 준호씨는 미안하다는 말만 계속해서 되뇌었다.

"미안해, 엄마…… 몹쓸 병에 걸려서."

"……"

노모는 아무 말도 꺼내놓지 못했다.

"걱정하지 마요, 엄마. 금방 일어서요. 이렇게 금방 일어서서 이렇게 만세도 부르고, 이렇게 튼튼하게 만세도 부르고."

묵묵히 듣기만 하던 그녀가 겨우 힘겹게 입 밖으로 한마디를 밀어냈다.

"……그래."

"걱정하지 마요, 어머니."

"그래."

귀한 딸을 데려가놓고 병수발을 시키는 사위에 대한 원망과 어떻게든 살기만 했으면 좋겠다는 바람과 이제 내 딸과 손주들은 어찌 살아갈까라는 걱정이 노모의 얼굴 주름주름을 따라 흘렀다. 지키고 싶지만 지킬 수 없을지도 모르는 약속들을 이야기하던 준호씨의 마음은 또 어떠했을까. 나는 그 모든 상황을 객관적으로 바라보고 카메라에 담아야 하는 피디였지만, 누군가의 아빠, 누군가의 남편, 누군가의 사위로서의 마음이 제각각 눈물을 비치기 시작했다. 슬픔과 안타까움이 뒤섞여 심장을 꽉 막아놓고 있었다.

어머니를 배웅했던 은희씨가 돌아오자, 결국 준호씨가 참고 있던 울음을 터뜨렸다.

"잘하면 어머니, 못 볼지도 모르는데……"

은희씨가 야단치듯 말했다.

"왜, 어머니를 왜 못 봐? 또 보면 되지."

"내가 살아서, 살아서 모셔야 하는데……"

"엄마, 또 볼 수 있어. 자꾸 그런 생각하지 마. 자기 마음 엄마도 다 아니까, 그런 약한 생각하지 마."

때론 산다는 것만으로도 자신의 책임과 의무를 다하는 것일 수 있다. 가족들이 준호씨에게 바란 건 돈을 많이 벌어달라는 것도 아니고, 다정하고 따뜻한 가장이 돼달라는 것도 아니었다. 그저 살아달라는 것이었다. 그저 살아서 곁에 있어달라는, 그리 어려울 것 같지 않은 주문이 준호씨에게는 가장 힘든 일이 돼버렸다.

몇 개월이 흐르고 2007년 2월 3일, 막내 규빈이의 생일파티가 열렸다. 아이가 가장 좋아하는 초콜릿케이크를 먹으며 오랜만에 집에 웃음이 돌았다. 유달리 딸을 아끼는 준호씨 역시 당연히 축하를 잊지 않았다.

"세상에서 제일 사랑하는 우리 딸 생일인데, 아빠가 병원에 있어서 미안해요. 근데 조금 있으면, 규빈이 생일에, 잘하면 나갈지도 모르겠다. 아빠가 좀더 힘을 내서 굳센 아빠가 돼볼게. 너무 사랑해, 우리 딸. 그리고 축하해. 정말 미안하고. 안녕, 사랑해."

아빠의 영상편지를 보며 아이는 울먹이기 시작했다. 상황이 어떻게 될지 몰라 미리 촬영해둔 영상. 하지만 이제 준호씨는 병원에도 없었다. 생일 축하인사는 작별인사가 되고 말았다.

2006년 12월 21일 오후 2시 55분, 준호씨는 마지막 숨을 거뒀다.

그날 오전 극심한 호흡곤란이 찾아왔을 때, 병원에서는 임종의 징후라고 했다. 은희씨의 마음이 급해졌다. 누구보다 아이들을 사랑했던 그에게 마지막으로 아이들 얼굴을 꼭 보여주고 싶었다. 그렇게 쓸쓸히 혼자 보내고 싶지는 않았다. 옆에서 지켜보는 우리 역시 애가 타긴 마찬가지였다.

'아이들이 아빠와 마지막 인사라도 나눌 수 있어야 할 텐데……'

일 초가 한 시간처럼 후다닥 지나갔다. 학교에 가 있던 아이들을 준호씨의 동생이 서둘러 데려왔다. 다행히 아이들이 시간 안에 도착했다. 아이들에게는 놀라고 당황할 여유가 주어지지 않았다. 은희씨는 놀라서 어쩔 줄 몰라하는 아이들에게 인사를 재촉했다. 울음을 터뜨리는 아이들을 다독일 겨를도 없었다. 준호씨는 그 짧은 시간도 버텨줄 수 있을 것 같지 않았다.

"영훈아, 아빠 사랑해요, 한 번만 해. 울지 말고, 얼른."

"아빠, 고맙습니다. 사랑해요."

"규빈아, 아빠 사랑해요, 한 번 해. 얼른."

"아빠, 사랑해요……"

죽음이 뭔지, 암이 뭔지도 모르는 철부지들이 그 순간에는 이별을 직감했던 것 같다. 목놓아 우는 아이들을 보면서 나도 소리를 삼키며 울어야 했다. 당장이라도 뛰쳐나가서 엉엉 소리쳐 울고 싶었지만 그 순간만큼은 피디로서의 책임감이 나를 호되게 꾸짖어 세워놓았다. 아이들의 애끓는 작별을 준호씨가 듣고 있을지, 들을 수 있을지 안타까워하던 그 순간, 그의 눈에서 눈물이 흘렀다.

그는 듣고 있었다. 가족들이 토해놓는 그 절절한 사랑을……

사실 준호씨가 촬영을 허락한 이유는 하나였다. 시간이 많이 지난 다음에 아이들이 아빠가 얼마나 자기들을 사랑했었는지 알 수 있도록 하고 싶다는 바람이 있었다. 그는 자신이 떠난 다음에도 아이들에 대한 사랑을 보여주고 싶었던 것이다.

준호씨는 떠났지만 가족들은 그를 쉽게 보내지 못했다. 그가 가족들 곁을 떠난 지 사 개월 후, 은희씨와 함께 그의 무덤을 찾았다. 그날은 결혼 십 주년 기념일이었다. 준호씨의 무덤에 안부인사를 건넨 은희씨가 휴대전화를 꺼내 문자메시지를 보여줬다. 생전에 준호씨와 나눈 메시지들이었다.

"아빠가 병원에 있을 때 저하고 주고받았던 문자예요."

"왜 안 지우셨어요?"

"나중에 아빠가 가고 없을 때 추억하려고 지우지 않았어요. 휴대전화를 바꿔야 하는데 문자랑 사진 때문에 바꿀 수가 없네요."

그리고 은희씨가 보여준 메시지에는 한 문장이 적혀 있었다.
"옆에 있어주지 못해서 미안해, 내 사랑……"

아픈 가슴을 쓸어내리며 진행했던 촬영보다 더 힘든 시간은 편집하는 동안이었다. 편집을 하기 위해서는 똑같은 장면을 수십 번 봐야 했기 때문이다. 더욱이 방송에는 빠진 날것 그대로의 장면들을, 편집하면서는 고스란히 봐야 하기 때문에 무척 힘이 들었다. 대개의 경우, 매우 슬픈 장면도 편집과정에서 수차례 반복해서 보면 그 느낌이 줄어들기 마련인데, 아빠와의 이별 순간 영훈이와 규빈이가 울부짖는 장면에서는 매번 눈물을 흘릴 수밖에 없었다. 작가도 나도, 서로를 외면하며 어색한 침묵을 나눠 가진 시간을 수차례 반복해야 했다. 내레이션을 녹음하면서 계속해서 오열했던 탤런트 하희라씨도 비슷한 마음이었던 것 같다.

"가장 소중한 가족의 사랑은 가까이에 있지만 사람들이 많이 놓치죠. 투병중에도 가장으로서, 아빠로서 가족들을 배려하는 준호씨를 보면서, 사랑으로 그 어떤 고통과 어려움도 이겨낼 수 있구나 하는 생각을 하게 됐어요. 준호씨의 사랑이 굉장히 크고 위대했기 때문에 가족들에게 그 무엇보다 강한 힘이 될 수 있었던 것 같아요."

나도 그녀의 말에 깊이 동감한다. 준호씨가 보여준 사랑이 진정 아름다웠던 이유는, 엄습하는 죽음의 그림자와 싸우는 와중에도 자신보다는 가족을 생각하는 마음이 먼저였기 때문이다. 누구나 가족을 위해 희생하고 헌신하는 사랑을 말할 수 있지만, 정작 본인의 죽음을 앞두고 자신이 아닌 다른 사람을 먼저 생각하기란 정말 쉽지 않은 일이기 때문이다.

    준호씨를 떠나보낸 그날, 집으로 돌아가는 길에 아버지께 전화를 걸었다. 대부분의 남자들이 그러하듯 무뚝뚝하고 감정표현이 서툰 성격인지라 특별한 일이 아니곤 연락이 없는 아들이다보니, 아버지는 무슨 일이라도 생긴 건 아닌지 걱정하셨다. 그날만은 용기내어 하고픈 이야기가 있었는데, 결국 하지 못했다. 식사는 하셨느냐, 집에는 별일 없냐는 안부만 묻다가 싱겁게 전화를 끊었다. 하지만 마음속에서는 내내 한마디가 맴돌고 있었.
    '아버지, 사랑합니다.'
    늘 곁에 있어 그 소중함을 자주 잊게 되는 가족에 대해, 준호씨 가족은 늘 곁에 있어 감사함을 일깨워줬다. 때론 원망스럽고 때론 부담스러울 때도 있을 수 있지만, 원망도 비난도 곁에 있을 때나 가능한 법이리라. 오늘은 다시 용기를 내어 아버지께 전화를 걸어야겠다. 그리고 고백해야겠다.
    사랑한다고, 아버지를 많이 사랑하고 있다고.

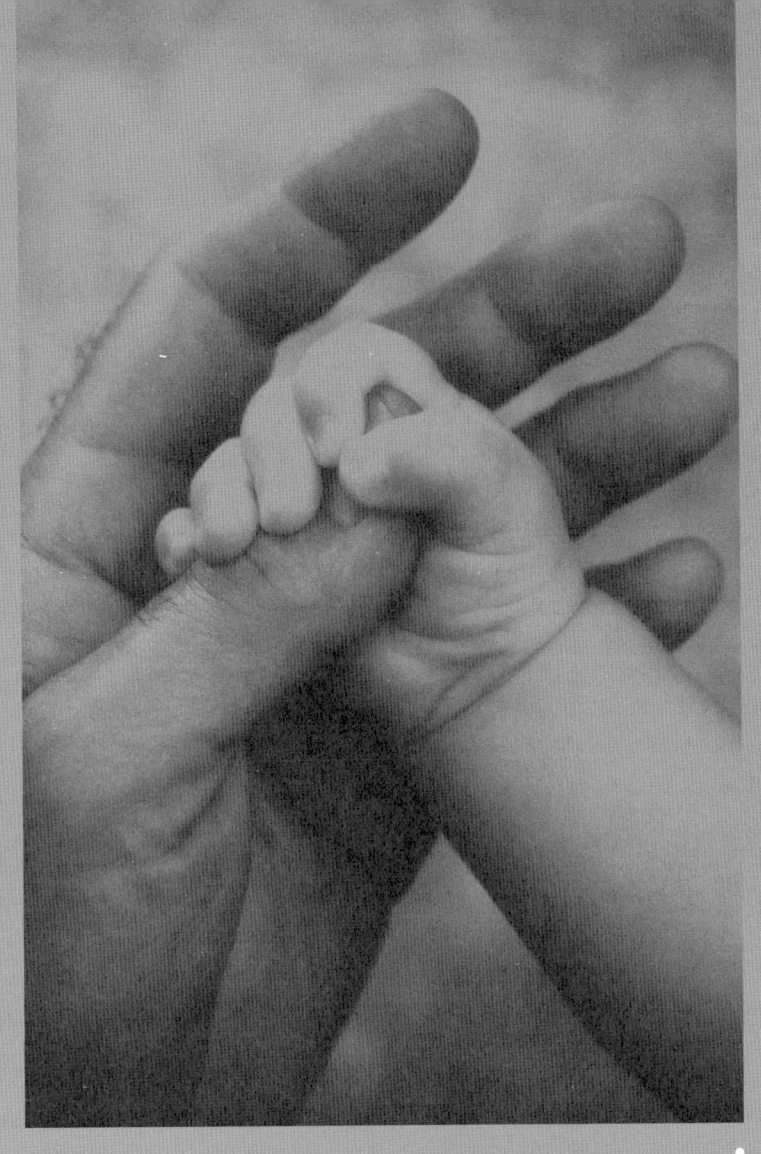

왜 우리는 그것을 '잃었을 때'라야
비로소 '가졌을 때'의 소중함을 깨닫는 걸까.
그것이 '없어져야만'
'있어서' 행복했다는 사실을 알게 되는 걸까.

열두 살 소년의
유일한 꿈은,
동생들이
죽지 않는 것

"동생들이 죽지 않는 게 제 소원이에요."

열두 살 소년의 입에서 도저히 믿기 힘든 이야기가 흘러나왔다. 돈을 많이 벌고 싶다든지 유명한 축구선수가 되고 싶다든지 같은 조금은 뻔한 대답을 예상했던 나로서는 그야말로 뒤통수를 얻어맞은 기분이었다. 어린아이가 할 수 있는 이야기가 아니었다. 아니, 해서는 안 되는 이야기였다.

한창 뛰어놀기에 바쁠 나이, 거친 세상의 풍파는 짐작조차 못할 나이, 순수한 호기심으로 세상을 바라볼 나이, 삶의 고단함을 짊어지기에는 너무 여린 나이. 열두 살은 그런 나이가 아니던가. 희망으로 가득 차 있어야 할 어린아이의 소원에 어두운 그림자가 드리운 까닭은 무엇일까. 나는 정체를 알 수 없는 대상에 괜스레 부아가 치밀었다.

가난과 질병, 기아로 점철된 대륙 아프리카의 모든 상처와 아픔을 고스란히 짊어진 아이 마야미코를 만난 건 2010년 9월이었다. 〈김혜수의 W〉(이하 'W')에서 준비한 특별기획 3부작 '슬픈 대륙의 아이들' 촬영차 찾은 말라위의 치호자 마을. 그곳에 에이즈, 말라리아 같은 질병과 하루를 살아내는 것조차 벅찬 가난 등 아프리카 대륙이 안고 있는 문제들을 작고 야윈 어깨에 짊어지고 살아가는 소년, 마야미코가 있었다.

아직 보살핌이 필요한 나이건만 마야미코에게는 책임져야 할 동생이 셋이나 있었다. 어린 소년을 졸지에 가장으로 만든 주범은 에이즈였다. 이 무섭고 가혹한 질병은 소년에게서 아버지와 어머니를 차례로 빼앗아갔고 소년은 동생들의 '오빠'에서 '아빠'가 됐다. 하지만 자신의 신세를 한탄하거나 원망할 수만도 없는 이유는, 마야미코의 주변에는 또다른 마야미코들이 넘쳐났기 때문이다. 말라위에서는 매년 에이즈로 사망하는 사람만 무려 칠만 명에 이르고, 그로 인해 발생하는 고아는 백만 명에 달한다.

어쩌면 소년은 그것을 '숙명'처럼 받아들였을지도 모르겠다. 여섯 살, 여덟 살, 열 살의 동생들을 책임질 사람은 오직 자신뿐이었다. 의지할 수 있는 친척도 없고 이웃주민들은 자기들의 삶을 살아내는 일만으로도 벅찬 가난한 사람들뿐이었다.

이제 소년은 더이상 하늘이 왜 파란지, 축구선수가 되려면 어떻게 해야 하는지 같은 것들이 궁금하지 않았다. 궁금할 수 없었다. 소년의 모든 관심과 생각은 하나에 집중됐다.

'어떻게 해야 돈을 벌 수 있을까? 어떻게 해야 동생들이 굶지 않을 수 있을까?'

마야미코는 초등학교를 중퇴했고 이웃주민의 당나귀를 돌보는 일로 간신히 하루하루를 연명했다. 매일 아침이면 소년은 세 동생을 차례로 씻기고 비닐봉지에 책을 챙겨서 학교로 보냈다. 그 모습을 카메라에 담는데 아이의 행동이 조금 이상했다. 동생들의 발가락 사이사이까지 꼼꼼히 씻기며 준비를 돕던 아이가 정작 집을 나서는 동생들을 배웅하지 않는 것이다.

"마야미코, 동생들 학교 가는데 인사 안 하니?"

"……"

동생들이 집에서 멀어질 때까지, 아이는 벽을 바라보고 누워서 아무런 말도 하지 않았다. 이상한 풍경은 저녁에도 펼쳐졌다. 동생들이 숙제를 하는 동안, 마야미코는 밖을 어슬렁거리며 계속 딴짓을 했다. 의젓하게 동생들을 챙기는 평소 행동대로라면 숙제를 도와줄

만도 한데 그 모습이 영 의아했다. 무엇이 문제일까. 아이의 마음이 궁금해 넌지시 떠봤다.

"너도 학교에 가고 싶진 않니?"

"저도 학교에 가고 싶은 마음이 굴뚝같아요. 하지만…… 갈 수 없잖아요. 돈을 벌어야 하니까요. 대신 동생들은 무슨 일이 있어도 꼭 학교에 보낼 거예요. 공부를 해야만 나중에 이렇게 살지 않을 수 있으니까요."

그랬다. 묵묵히 가장의 역할을 하고는 있지만 마야미코는 어쩔 수 없는 열두 살 아이였다. 자신은 가고 싶어도 갈 수 없는 학교, 하고 싶어도 할 수 없는 공부…… 학교에 가고 숙제를 하는 동생들의 모습을 보기가 괴롭고 힘들어 외면하려 했던 것이다. 동생들이라도 공부할 수 있어서 다행이었지만, 동생들만 공부할 수 있는 현실이 속상했던 것이다. 두 가지 모순된 감정은 아이가 소화해내기에 쉽지 않은 것이었고, 그래서 소년은 보지 않고 듣지 않고 생각지 않는 길을 택했던 모양이다.

의젓한 얼굴 뒤에 몰래 감춰둔 아이의 본심을 확인하는 순간, 가슴이 시려왔다. 하고 싶은 것을 할 수 없는 삶, 그 원인이 아무리 발버둥쳐도 극복할 수 없는 것일 때, 사람은 얼마나 무기력해지던가. 삶의 무게에 짓이겨진 동심은 아프고 또 아프기만 했다.

어린 아들에게 무겁디무거운 책임을 남기고 눈을 감아야 했던 부모의 마음은 어떠했을까. 마야미코를 보면서 문득 2009년 〈휴먼다큐 사랑〉을 통해 만났던 '풀빵엄마' 최정미씨가 떠올랐다. 위암 말기로 투병중이던 싱글맘 정미씨는 무엇보다 두 아이를 남겨두고 가야 한다는 사실을 견딜 수 없어했다. 이미 그녀에게 자신의 죽음은 중요한 문제가 아니었다. 죽는 것보다 더 괴로운 일이 아이들을 더 이상 돌볼 수 없게 되는 것이라던 그녀였는데, 다섯 아이를 가난과 질병의 땅에 남겨두고 떠나야만 했던 마야미코의 부모는 그 심경이 어떠했을지 감히 상상조차 할 수 없었다.

다섯 아이. 사실 마야미코에게는 동생이 셋이 아니라 넷이었다. 그 사실을 아이와 함께 부모의 무덤으로 촬영을 갔다가 알게 됐다. 힘들 때마다 무덤을 찾는다던 아이는 무덤 앞에서 한참을 엎드려 있기만 했다.

마치 엄마 품에 안긴 아이처럼, 아빠 등에 기댄 아이처럼, 그렇게 오랫동안 아무 말 없이 엎드려 있었다. 차갑고 축축한 땅에서 기어이 온기를 찾아내려는 듯이.

그리고 천천히 일어나 아이가 향한 곳은 바로 옆의 작은 무덤이었다. 말라리아로 죽은 막냇동생의 무덤이라고 했다.

"동생을 병원에 보내기 위해 돈을 모았어요. 간신히 병원비를 마련했는데, 너무 늦었어요…… 제 동생은 병원에 가자마자 아무 기척도 없이 죽어버렸어요."

자신이 너무 어리고 힘이 없어 동생을 지키지 못한 것 같다며 소년은 촬영 내내 한 번도 보이지 않던 눈물을 흘렸다. 그리고 아이의 입에서 '그 이야기'가 흘러나왔다.

"제 소원은 제 여동생들을 제가 잘 돌봐서, 동생들이 더이상 죽지 않는 거예요. 저는 동생들이 잘 살아가길 바라고 공부도 계속할 수 있도록 도울 거예요."

마야미코에게 소원은 책임의 다른 이름이었다. '이뤄지기 바라는' 무엇이 아니라 '이뤄내야만 하는' 무엇이었다. 기대고 의지할 곳 하나 없는 아이에게, 온전히 자신의 힘으로 버거운 삶을 버텨내야 하는 아이에게, 소원이라는 단어는 덧없는 꿈같이 느껴졌다. 뭔가를 꿈꾸고 희망하는 것조차 불가능한 아이 앞에서 소원이라는 단어는 한없이 잔인할 뿐이었다.

소년은 소원이라는 이름의 책임을 다하기 위해 매일 당나귀를 돌봤다. 가장 신선한 잎을 골라 당나귀의 먹이를 주면서, 정작 자신은 점심도 거른 채 땡볕에서 몇 시간 동안 당나귀를 지켰다. 이렇게 일하고 받는 돈은 100화차. 우리 돈으로 800원 정도다.

아이가 포기한 배움과 미래의 대가는 그토록 보잘것없었다.

그 돈으로 살 수 있는 건 고작 한 끼 식사를 준비할 수 있는 식재

료뿐. 국토의 절반이 호수인 덕분에 가장 싼 생선과 기름, 약간의 채소를 구입한 소년은 그제도 어제도 먹었던 음식을 오늘도 요리했다. 그나마 하루 중 유일하게 제대로 먹는 식사는 이것뿐이다. 간혹 옆집에서 옥수수를 얻을 때도 있지만 자신은 동생들을 위해 먹지 않았다.

그런 마야미코를 보면서 "나는 갈치를 싫어한다"며 상에 올라온 갈치 구이를 자식들에게 밀어주던 내 아버지를 떠올렸다. 아버지가 갈치를 싫어하기는커녕 아주 좋아한다는 사실을 안 것은, 나와 형이 대학을 졸업하고 사회에 나가 돈을 벌기 시작한 이후였다. '싫어하는' 갈치를 오히려 맛있게 드시는 아버지의 모습을 처음 보던 날, 나는 목에서 올라오는 뜨거운 것을 삼키느라 밥을 제대로 먹지 못했다. 30~40대의 내 아버지가 품었던 부정父情을 열두 살의 아프리카 소년에게서 볼 줄이야.

나는 아직도 마야미코를 처음 만나던 순간을 잊지 못한다. 수도 릴롱궤에서 차로 한 시간을 달려 치호자 마을에 도착했을 때, 진작 사진과 동영상으로 접했던 모습과는 전혀 다른 아이가 걸어왔다.

축구공을 발로 차며 활발하게 뛰어놀던 영상 속 아이는 온데간데없고, 절룩이는 다리로 힘겹게 한걸음 한걸음을 옮기는 소년이 눈앞에 있었다. 가슴이 철렁, 했다.

'아, 저 아이는 지금 정상이 아니구나……'

들어보니 얼마 전 당나귀에게 발을 밟혔다고 했다. 상태를 살피는데 여간 심각한 게 아니었다. 별다른 치료도 받지 못한 채 방치한 동안 아이의 발은 퉁퉁 부은 채 점점 곪아가고 있었다. 한눈에 보기에도 자칫 잘못하면 발을 절단해야 할지도 모를 상황이었다. 솔직히 고백하자면 마야미코가 처음 내 시야에 등장해 우리를 향해 걸어와 인사의 악수를 할 때까지, 그 몇 초 동안 나는 아이를 무척이나 원망하며 못생긴 생각을 더듬고 있었다.

'안 그래도 일정이 빡빡한데 상태가 안 좋아서 어쩌지. 저런 몸으로 촬영을 할 수는 있을까?'

촉박한 스케줄 탓에 주어진 촬영일정은 고작 이틀. 보통 나흘이 소요되는 다른 촬영에 비해 턱없이 부족한 시간이었다. 데리고 다녀야 할 곳도 많고 촬영할 신$_{scene}$도 많은데 불편한 다리로 얼마나 따라와줄 수 있을지에 대한 걱정이 머릿속을 휘저어놓았다. 여러 가지 생각들이 웅성거리기 시작했다.

하지만 마야미코의 다리 상태를 내 손으로 만지며 확인한 순간, 모든 생각은 하나로 정리됐다.

'얼마나 아플까…… 꼭 치료해줘야겠다.'

무슨 일이 있어도 병원에 데려가겠다고 결심했다. 마을에서 멀리 떨어진 병원에 다녀오려면 반나절 이상을 그냥 날려버려야 했지만 상관없었다. 그때는 여섯 살배기 아이를 키우는 '아빠 유해진'이

'피디 유해진'을 앞섰던 것 같다. 내가 거기까지 가게 된 직업적 논리보다는 감정이 먼저 움직인 순간이었다.

사실 〈W〉는 좋은 프로그램이라는 평가와 함께 적지 않은 질타와도 마주쳤다. 우리나라에도 힘겹게 사는 사람들이 많은데 왜 굳이 외국까지 나가서 어려운 이들을 조명하느냐는 비판이었다. 나 역시 〈W〉를 시작하기 전까지 풀지 못한 숙제였다. 프로그램 자체가 '국제시사 프로그램'이라는 명분에도 불구하고, 우리 사회의 어둡고 그늘진 곳을 먼저 다루는 일이 더 중요한 것은 아닐까 하는 자문이 늘 가슴 한구석에 자리하고 있었다. 우리 사회의 한편에서는 대한민국이 세계 10위권의 경제대국이자 국제사회 일원으로서의 역할을 해야 함을 말하고, 국제원조를 받아 성공한 만큼 되돌려줘야 하는 도덕적 의무를 말하고 있었지만, 내게는 그다지 피부에 와 닿지 않았던 것이 사실이다.

하지만 정작 〈W〉를 시작하고 촬영을 나가 현장에 임하게 되면서 그런 생각은 자취를 감추고 말았다. 그것은 논리의 문제가 아니었다. 무엇이 먼저이고 무엇이 옳은지에 대해 논리적으로 반박할 자신은 없다. 하지만 내가 경험한 바로는 그런 지적을 하는 사람조차도 아프리카의 어느 마을에 가면, 그곳에서 마야미코 같은 아이를 만나면, 그 아이의 슬픈 눈동자와 인사하게 되면, 저절로 주머니를 뒤져 무엇이라도 주고 돌아올 수밖에 없을 것이다. 그 앞에 서면 일체의 계산 같은 것이 사라지고 마음이 움직이는 대로 따를 수밖에 없다.

논리적 사고와 이성의 작동보다 마음이 먼저 벌떡 일어서는 곳, 우리 안에 때 묻지 않은 이타적 순수를 다시 만나게 해주는 곳, 그만큼 참담하고 처절한 상황이 버젓이 현실인 곳, 그곳이 아프리카다.

계획된 스케줄 몇 가지를 포기하고 아이를 병원으로 데려가기로 했다. 알아보니 당일에는 진료가 어렵다고 해서 다음날로 미뤄뒀다. 그런데 다음날 아침, 갑자기 여섯 살 난 막냇동생이 토하기 시작했다. 마야미코에게 물어보니 처음이 아니라고 했다. 어린 동생의 상태가 걱정되지만 배를 만져줄 뿐 아이에게는 달리 방법이 없었다. 또다시 자신의 무능력으로 인해 동생을 잃게 될까, 소년의 얼굴에 두려움의 그늘이 드리워졌다. 나를 비롯한 촬영팀 모두 놀라서 발을 동동 구르며 병원으로 향하는 길을 재촉했다.

다행히 마야미코는 며칠만 치료받으면 나을 수 있는 상태였다. 하지만 동생의 상태는 심각했다. 말라리아였다. 원플러스 단계로 곧바로 치료가 필요한 상황이었다. 말라리아라는 말을 듣는 것만으로 겁에 질린 아이. 주사를 맞는 세 시간 내내 아이의 울음은 그치지 않았고, 밖에서 상황을 살피는 오빠는 걱정과 두려움에 차마 눈물도 흘리지 못한 채 가슴으로 울고 있었다. 더욱 심각해지기 전에 병원을 찾아와 목숨은 건졌다는 의사의 말을 듣고서야 소년은 깊은 안도의 한숨을 토해냈다.

병원을 나와 쇠약해진 아이들에게 영양보충을 시켜주기 위해 닭고기를 파는 식당으로 들어섰다. 그런데 아이들이 아주 태연한 표정으로 놀라운 이야기를 했다. 매일 닭을 보긴 했지만 닭고기는 처음 먹어본다는 거였다. 어떻게 그 나이가 되도록 닭고기를 먹어보지 못했을까. 그런 의문과 함께 하나의 기억이 불현듯 떠올랐다.

'풀빵엄마' 최정미씨의 아이들, 일곱 살 은서와 다섯 살 홍현이. 변두리긴 하지만 엄연히 서울에서 살던 아이들이 그 나이가 되도록 놀이공원에 한 번도 가보지 못했다고 했다. 그리고 풀빵을 구워 팔며 당장 눈앞의 생계에 매달리느라 제대로 채우지 못했던 엄마의 몫을 한탄하던 정미씨. 그날 그 이야기에 나는 왜 그리도 가슴이 저렸는지. 그때도 모든 촬영 스케줄을 뒤로 미루고 놀이공원부터 갔었다. 칠 개월간의 모든 촬영을 마치고 나서도 우리는 또다른 놀이공원을 찾아 신나게 놀았다.

마야미코 4남매, 천생 아이들이었다. 촬영 내내 말이 없어 우리를 애태우던 아이들이 맛있는 음식을 먹고 나자 금세 기분이 좋아져 노래를 부르고 춤을 추기 시작했다. 고작 식사 한 끼에, 꽁꽁 싸맨 채 풀어놓지 않던 경계의 빗장을 스르륵 풀어놓았다. 작은 일에도 크게 행복해하는 아이들의 모습에서, 그간 내가 바라고 원하던 행복이 너무 거대한 것은 아니었나 하는 자책도 했다. 더 가지지 못한 것뿐 덜 가진 것도 아닌데 왜 '더, 더, 더'에만 초점을 맞춰 살아온 것일까. 왜 이룬 것은 보지 못하고 이루지 못한 것만 생각한 것일까.

자주 행복해하지 않았던 내게 물었다.

행복하지 '않은' 것인지, 행복하지 '못한' 것인지.

아무리 노력해도 나아질 수 없는 현실 속에서 행복하지 못한 세상의 마야미코들에게, 충분히 행복할 수 있는데도 행복해하지 않고 있는 내 투정이 얼마나 배부른 사치일지 생각하면, 진심으로 미안해진다. 드넓은 대륙에 부모 없이 남겨진 마야미코와 세 동생, 가난과 질병으로 얼룩진 아프리카를 그대로 닮은 아이들의 삶은 그렇게 내게 많은 생각과 숙제를 남겨줬다.

마야미코를 만날 당시 여섯 살이었던 아들이 올해 초등학교에 입학했다. 해야 할 것, 지켜야 할 것이 많은 학교생활이 쉽지 않은지, 툭하면 응석을 부린다.

이 녀석에게 무슨 말을 해줘야 할까.

어느 곳에는 학교에 가고 싶어도 갈 수 없어 절망하는 아이도 있다고, 네가 힘들어하는 그곳에 가고 싶어 눈물짓는 아이도 있다고 이야기한들 제대로 이해할 수 있을까.

　숙제를 앞에 놓고 한껏 인상을 찌푸리는 아이의 모습에, 동생들이 숙제하던 모습을 애써 외면하던 마야미코의 모습이 오버랩돼 마음이 한없이 무거워진다.

"제 소원은 제 여동생들을 제가 잘 돌봐서,
동생들이 더이상 죽지 않는 거예요.
저는 동생들이 잘 살아가길 바라고
공부도 계속할 수 있도록 도울 거예요."

암병동의
닭살 커플

　남자의 나이는 서른넷. 일찍 부모를 여의었고 어린 나이부터 자신의 삶을 온전히 책임져야 했던 탓에 공부는 등한시할 수밖에 없었다. 그는 대학의 문턱을 넘지 못한 채, 대형마트의 생선코너 판매관리직으로 일하고 있었다. 그저 돈을 벌어 매일을 살아가는 것이 삶이라 여기던 그에게, 이루고 싶은 꿈 같은 건 존재하지 않았다. 쳇바퀴처럼 무료하게 반복되던 그의 일상에 갑자기 한 여자가 끼어들기 전까지는.
　그녀의 나이는 스물다섯. 1남 2녀 중 막내로 태어나 집안의 사랑을 한 몸에 받고 자란 덕에 붙임성 좋고 애교가 많은 아가씨였다.

교육대학에 다니면서 작은 시골학교의 선생님을 꿈꾸던 그녀는 방학을 맞아 대형마트에서 아르바이트를 시작했다. 그리고 그곳에서 '그 남자'를 만났다. 누가 봐도 어울리지 않는 남녀인데 여자는 계속 남자의 근처를 맴돌았다.

"저녁 먹었어요?" "우리 영화 보러 갈래요?"

남자의 무뚝뚝한 태도에도 여자는 늘 웃음으로 대했다. 한결같은 그녀의 모습에 그도 변하기 시작했다. 감히 욕심낼 수 있는 여자가 아니라고 생각했는데, 흔들렸다. 그녀의 미소를 보며 슬며시 따라 웃는 자신을 발견한 순간, 남자는 깨달았다. 더이상 그녀를 밀쳐낼 수 없음을.

어렵게 여자의 마음을 받아들였지만, 여자 측 부모는 둘의 만남을 허락하지 않았다. 당연했다. 아홉 살의 나이 차이, 가난한 형편, 고졸 학력, 부모 없이 자란 고아…… 굳이 트집을 잡으려고 노력하지 않아도 남자를 반대할 이유는 차고 넘쳤다.

하지만 놓을 수 없었다. 그녀는 그에게 '나도 좋은 사람일 수 있다'는 희망을, '좋은 사람이 되고 싶다'는 바람을 품게 해준 사람이었다. 그녀를 통해 그저 살아야 해서 살았던 삶에 살아야 할 목표, 살고 싶은 이유가 생겼다. 마음에 철판을 깔았다. 노력하면, 좀더 나은 사람이 되면, 언젠가는 부모님도 마음을 돌리지 않을까 하는 기대를 품고 기다리기로 했다.

그렇게 이 년의 시간이 흐르고 더이상 부모님의 반대는 그들을 갈라놓을 수 없었다. 사랑이 더욱 공고해진 덕분이기도 했지만 사실은 다른 이유가 있었다. 반대보다 더 큰 장벽이 생겨버렸다. 그녀에게 내려진 간암 말기 진단. 간의 60퍼센트를 잘라냈지만 육 개월 후 암은 폐로 전이돼 있었다. 그렇게 이 년 동안 간에서 시작된 암은 폐를 거쳐 뇌까지 퍼졌다. 그리고 그사이, 남자와 여자는 부부가 됐다.

2005년 가을, 〈휴먼다큐 사랑〉 '너는 내 운명'의 주인공 창원씨와 영란씨를 만났을 때, 영란씨는 이 년째 투병중인 말기 암환자였다. 그리고 두 사람은 국립암센터에서 유명한 '닭살 커플'이었다. 아내의 병상을 지키는 남편이 드문 탓에, 하루 스물네 시간 영란씨 곁을 떠나지 않는 창원씨의 존재는 암병동 내에서도 큰 화제였다.

사실 암병동에서는 '긴 병에 효자가 없다'는 말이 종종 현실로 나타난다. 지극한 효심도, 애틋했던 사랑도, 끝이 보이지 않는 간병 생활에 지쳐 결국 뒤돌아서는 일이 빈번했다. 그래도 그들을 탓하는 사람이 없었던 까닭은, 죽음을 향해 걷는 사람과 동행하는 일이 얼마나 힘들고 지치는 일인지 모두가 알기 때문이었다. 사람들은 그것을 정을 떼는 과정이라고들 했다.

창원씨는 특별한 경우였다. 영란씨가 간암 말기라는 사실을 알자마자 직장을 그만두고 간병인을 자처했다. 그녀가 항암치료로 머리가 빠지기 시작하자 오히려 먼저 삭발을 하고 나타나기도 했다. 그녀에게 용기를 줄 수 있다면 그는 하지 못할 일이 없었다. 그녀의 가족들마저 허락하지 않았지만 둘만의 서약을 하고 혼인신고도 했다. 시한부 인생을 산다고 사랑도 시한부가 되는 건 아니라고, 심장이 뛰는 동안은 누구라도 똑같이 사랑을 나눌 자격이 있다고 믿었다. 내가 그 커플을 만났을 때, 둘은 미처 올리지 못한 결혼식을 준비하고 있었다.

"영란씨, 얼마 만에 외출하는 거예요?"

"한…… 한 달?"

"기분 좋아요?"

"네. 제가 기분 좋으면 혀 짧은 소리가 더 짧아져서요. 혀가 반밖에 안 남아요. 그지?"

질문을 던지는 사람은 나인데, 영란씨는 계속 창원씨를 보며 답했다. 한순간이라도 눈을 떼고 싶지 않은 듯했다. 영란씨에게는 치명적인 추운 날씨였고, 자칫 감기라도 걸리면 최악의 상황도 각오해야 했다. 그럼에도 결혼 준비를 위해 감행한 외출에서 영란씨는 마치 아이마냥 신나했고, 그런 아내를 바라보는 창원씨는 슬픈 미소를 지었다. 폐와 뇌까지 전이된 암세포는 이미 영란씨의 신경들을 하나씩 마비시키고 있었다. 그러나 창원씨만 곁에 있으면 그녀는 재치 있는 농담과 웃음을 잃지 않았다. 슬픈 그를 웃게 만들고, 슬픈 그

대신 더 많이 웃겠다고 다짐이라도 한 듯.

솔직히 고백하자면, 촬영 초기에는 창원씨의 헌신에 대해 나를 비롯한 대부분의 스태프가 '불편함'을 느꼈다. 아무리 사랑한다고 해도, 저렇게 아무런 조건도 대가도 없이 헌신적인 보살핌이 가능할까, 믿어지지 않았다. 분명 우리가 모르는 어떤 사정이 숨어 있을 거라는 생각에 그의 말, 그의 행동 하나하나를 곧이곧대로 받아들이지 않고, 뒤집어보고 흔들어보면서 '다른 의미'를 찾아보려고 했었다. 하지만 언제 어디서나 변함없이 한결같은 그의 말과 행동에서 진심을 읽을 수 있었다. 영란씨를 바라보는 눈빛에서, 아파하는 영란씨를 다독이는 손길에서, 그가 얼마나 진심으로 그녀를 사랑하고 있는지 고스란히 느껴졌다.

이내 부끄러워졌다. 이 남자의 지고지순한 모습에 의심의 눈길을 보낸 것은, 이 세상에 진정한 사랑이 존재한다는 사실을 믿지 못한 것은, 그만큼 우리의 마음이 때 묻고 더러워졌기 때문이리라.

사실 창원씨도 영란씨로부터 도망친 적이 있었다. 길어야 삼 개월이라는 선고를 받았던 그녀가 일 년 넘게 잘 버틸 때만 해도 어쩌면 나아질 수 있다는 희망을 품었는데, 아무리 극진히 보살피고 돌봐도 점점 상태가 나빠지기만 하는 그녀를 보며 그 역시 지쳐갔다. 아니, 무서웠다. 가장 소중한 사람을 떠나보낼 자신이 없었다.

그녀가 떠나기 전에 내가 먼저 떠나야겠다는 생각으로 병원을 뛰쳐나왔던 2005년 어느 봄날. 다시는 병실로 돌아오지 않으리라던 그는 하루 만에 다시 그녀 곁으로 돌아왔다. 몸은 떠나왔지만 정작 마음은 병실에 두고 왔다는 사실을 깨달은 순간, 마음을 잃은 몸은 무엇도 할 수 없음을 인정해야 했고 결국 발길을 병원으로 돌렸다. 그날부터 그는 웬만하면 병원을 벗어나지 않았다. 아예 병실에 신혼살림을 차리고 간이침대에서 생활하며 그녀의 대소변까지 받아냈다. 어쩌다 장모님이 오셔도 혹시나 영란씨가 자신을 찾을까봐 병원 주차장 차 안에서 잠을 청했다. 사람들은 창원씨를 그녀의 '일 분 대기조'라고 불렀다.

2005년 11월, 영란씨와 창원씨는 결혼식 준비로 분주했다. 건강이 좀 나아지면 천천히 치르라는 주변 사람들의 권유에도 영란씨가 고집을 부렸다. 자궁, 동맥, 폐로 무차별하게 퍼져나가는 암세포가 그녀의 마음을 조급하게 만드는 듯했다.

사실 하루하루가 살얼음판을 걷는 기분이었다. 바로 며칠 전에도 영란씨는 무섭게 피를 토해 나와 스태프를 놀라게 했다. 붉은 피가 그녀의 입에서 계속 쏟아져나왔다.

"아, 숨을 못 쉬겠어. 피가 자꾸 나서……"

이렇게 피를 토하다가 호흡곤란으로 의식을 잃을 수도 있었다. 무엇을 해야 할지 몰라 우리가 우왕좌왕하는 사이, 창원씨는 침착하게 간호사를 불러왔고 응급처치가 이뤄졌다. 한 시간의 사투 끝에야 간신히 피가 멈췄다. 살았다는 안도감과 함께 피곤이 몰려오는 듯했다. 지친 영란씨가 눈을 붙였다. 그제야 비로소 창원씨가 큰 두 눈에서 눈물을 떨궜다. 그리고 다음날 잠시 창원씨가 병실을 비운 사이, 영란씨가 마음속에 감춰둔 이야기를 털어놓았다.

"어디가 끝인지 모르겠어요. 어제 마음 같아서는 이제 정말 좀 그만하면 좋겠다, 생각이 들었는데. 자꾸 마음이 약해져요. 끝내고 싶은데…… 포기할 수도 없고……"

아직 서른도 안 된 나이, 그녀에게는 이루고 싶은 꿈도 있고 마음껏 사랑하고 싶은 사람도 있다. 아픈 사람이 이렇게 무리해서까지 결혼식을 올려야 하나라는 의문이, 그녀가 살아 있는 동안 하나라도 더 이뤘으면 좋겠다는 응원으로 바뀌었다.

죽음이 예정돼 있다고 해서 지금의 삶을 포기할 이유는 없다. 살아 있는 나날이라도 온전히 누리고자 하는 그녀의 바람이 어찌 이기심이고 욕심일까. 그것은 살 수 있는 시간에 대한 응당한 요구이고 살아 있는 자신에 대한 최선의 예의였다.

12월 4일로 예정된 결혼식을 닷새 앞둔 날, 병실로 몇 벌의 웨딩드레스가 도착했다. 긴 외출이 불가능한 그녀를 위해 웨딩숍에 어려운 걸음을 부탁한 덕이었다. 그녀는 웨딩드레스에서 눈을 떼지 못했다. 세 벌의 드레스를 모두 입어보는 동안, 그녀는 진심으로 행복해했고 그 모습은 진정 예뻤다. 눈가에 물기가 차오른 창원씨는 농담을 던지며 울음을 삼켰다.

"혹시 영란, 이거 입고 영란 별로 돌아가는 거 아닌가?"

"내 날개 달리면 간다~"

드레스를 입은 그녀는 미리 준비해둔 가발도 썼다. 아마 가장 예쁜 모습의 자신을 세상에 남겨두고 싶었던 모양이다. 창원씨도 그 마음을 헤아리고 있는 듯했다.

"우리를 갈라놓는 이유가 죽음이 된다…… 그러면 가는 사람이나 남겨진 사람이나 가장 아름다운 모습을 기억하고 싶어서, 예쁘게 사진 찍자고 시작했었는데…… 너무 예뻐서 못 잊을 것 같아요."

결혼식이라도 치를 수 있도록 버텨주면 좋을 텐데, 영란씨의 몸은 모든 이들의 마음을 거슬렀다. 결혼식이 하루 앞으로 다가왔을 때 이제 피를 토하는 일은 일상이 됐다. 그런데 나빠지는 상태보다 더 견디기 힘든 것이 있었다. 바로 영란씨 아버지의 반대였다. 지금껏 결혼식을 올리지 못한 것은 아버지 때문이기도 했다. 그는 영란씨가 창원씨를 붙들고 있는 것이 욕심이라고 꾸짖었다. 영란씨 역시 그 말이 옳다고 생각했다. 하지만 생의 마지막 소원만큼은 이기심을 부려서라도 꼭 이루고 싶었다. 그런데 아버지는 뜻을 꺾지 않았다. 혼자서 서울에 올라온 어머니는 안절부절못하다가 간신히 이야기를 꺼냈다.

"내보고는 가라고 그랬어도 자기는 절대 안 온다고 그랬어요. 다른 사람들 두 번 올린다고. 누구한테 축하해달라고 하냐고, 형식이 다 뭐냐고 하면서……"

이번만은 아버지도 허락하실 줄 알았는데…… 결국 영란씨도 참아온 설움을 토해냈다.

"아, 듣기 싫어. 누군 이 모양 이 꼴로 결혼이 하고 싶어서 해? 자기들 생각만 하고…… 왜 잘 참고 있는데 건드리냐고. 나만큼 속 뒤집혀져? 나만큼 속상하냐고? 얼굴은 벌써 이상해지고 있는데 왜 그걸 몰라? 나만큼 겁나냐고? 아무 소리 없이 좀 축하해주면 되는 걸…… 나도 안 해. 이 모양 이 꼴로 무슨 결혼식이야. 언제 죽을지도 모르는데. 내 속을 누가 알아."

혼자 남겨질 창원씨에게 족쇄를 채우고 간다는 미안함, 그럼에도 마지막으로 삶의 가장 아름다운 기억을 남기고픈 욕심 사이에서 힘겨워하던 영란씨가 그 모든 설움과 갈등을 눈물과 섞어 토해내고 있었다. 그런데 영란씨가 이상했다. 그녀는 갑자기 통증이 밀려온 듯 고통스러워했다. 입이 움직이지 않는 것 같았다. 마비가 오고 있었다.

12월 4일 오후 3시, 끝내 결혼식은 취소됐다.

결혼식장 대신 병실을 찾은 하객들은 영란씨를 보고 싶어했지만, 그녀는 간신히 의식을 차렸을 뿐 손가락 하나 움직일 힘이 없었다. 소식을 듣고 뒤늦게 영란씨의 아버지도 달려왔다. 떠날 딸보다 남아 있을 사위의 앞길을 염려했던 아버지. 딸을 위해 모든 것을 헌신하는, 이 착하디착한 남자를 모질게 반대했던 지난날에 대한 미안함 때문에 그는 한사코 결혼식만은 반대해왔다. 언젠가 병실을 찾은 영란씨의 어머니가 그의 마음을 대변한 적도 있다.

"창원이 입장 생각하면 너무 안됐죠, 안됐고. 즈그 아빠도 그러더라고요. 그만 잊고 새 출발했으면 좋겠다. 우리 마음은 사실 그런 마음 있었거든요. 근데 지가 발 벗고 나서니까…… 또 영란이가 좋아하고. 엄마 아빠 다 있는데도 불안하고, 창원이하고 있으면 편하다고 하는데…… 우리 딸 살리기 위해서는 우리도 문제인기라."

긴 하루가 지나고 다음날, 영란씨는 1인실로 옮겨졌다. 밤새 통증을 호소하는 탓에 다른 환자들과 함께 있을 수 없었던 것이다. 이제 수십 개의 약품과 장비 들이 그녀를 지탱했다. 다량의 진통제로도 통증은 좀처럼 가라앉지 않았다. 그녀는 몇 분을 깨어 있지 못하고 이내 혼수상태에 빠졌다.

복도로 나온 창원씨가 아내 앞에서는 꾹꾹 눌러 담았던 울음을 터뜨렸다. 어깨를 들썩이며 꺽꺽 울어대는 모습이 외로워 보였다. 어떻게 위로할 수 있을까 고민하는 찰나, 갑자기 그가 나를 향해 "안아줘요"라고 말했다.

순간, 피디로서의 임무를 잊었다. 카메라 앵글 안으로 뛰어들어 무작정 그를 끌어안았다.

주인공의 감정이 움직이는 것을 숨어서 관찰해야 할 피디가 난데없이 화면 안으로 뛰어든 것이었다. 일반적으로 감정이 고조되고 있는 상황에서 제작진이 화면에 보이면, 시청자의 감정몰입이 깨지고 방송의 감동은 반감된다. 하지만 그 순간은 다른 것을 생각할 겨를이 없었다. 오직 그를 위로해주고 싶다는 생각뿐이었다. 그때 나는 피디 유해진이 아니라 몇 개월간 함께 지내며 우정을 쌓은 창원씨의 친구 유해진이었던 것이다.

12월 6일 새벽 4시 30분, 영란씨는 숨을 거뒀다. 주인을 못 찾은 웨딩드레스를 남겨둔 채…… 창원씨는 생각보다 담담했다. 오히려 그녀가 더이상 아프지 않아도 된다는 사실에 안도하는 것도 같았다.

"아팠던 기억은 잊고 그냥…… 편하게 잠든 모습 보니까 예쁘고 좋았어요. 그거 보고 의자에 앉아서 그냥 저도 편안했어요. 잘 가라, 잘 가라, 잘 가라…… 애썼다, 애썼다……"

영란씨를 보내고 창원씨는 지리산으로 들어갔다. 예전에 그녀와 신혼의 보금자리를 차렸던 곳이다. 한때 둘이 함께였던 곳에서 이제는 혼자 겨울을 나고 봄을 맞았다. 영란씨가 떠나고 오 개월. 창원씨는 그곳에서 참 많은 그녀를 만났다고 했다. 무심코 올려다본

하늘에서, 길가에 놓인 돌멩이에서, 물기를 머금은 새벽 꽃잎에서, 그가 눈을 두는 곳 어디에나 영란씨의 모습이 겹쳐졌다. 아직은 잊는 것보다 잊지 않는 것이 훨씬 쉽다고 했다.

창원씨만이 아니었다. 집의 전부가 영란씨를 간직하고 있었다. 영란씨가 처음 입원하던 날 멈춰 선 시계는 여전히 가만히 있었다. 창원씨도, 집도, 시계도 영란씨와 함께했던 시간들에 살고 있었다. 한참 추억에 잠겨 있던 그가 한 통의 편지를 꺼내 보여줬다. 영란씨가 그에게 남긴 마지막 편지였다.

"연애할 때의 설렘으로 편지를 씁니다. 내가 하고 있는 것이 사랑이라면, 내 생이 짧다 해도 남들보다 더 뜨거운 마음으로 사랑했었다고 말할 수 있을 것 같습니다. 그리고 당신으로 인해 내 생애가 꽃이 피고 아름다워질 수 있었다고…… 고마워요, 처음 만난 그날부터 지금까지. 사랑해요, 아주 뜨거운 가슴으로."

처음 창원씨와 영란씨의 이야기를 방송에 담겠다고 했을 때, 두 사람은 허락하지 않았다. 그들의 사연을 접하고 전화로 부탁해봤지만 거절당했다. 마음을 접고 다른 주인공을 찾아나섰지만 그들의 이야기를 뇌리에서 지울 수 없었다. 열흘 만에 다시 한번 간곡한 부탁의 전화를 넣었지만 결과는 다르지 않았다. 또다시 아름다운 사랑을 찾아 일주일을 헤맸지만, 창원씨와 영란씨의 사랑만큼 내 마음을 흔들어놓는 사랑을 만나지 못했다. 결국 직접 그들이 있는 병원으로 무작정 찾아갔다. 프리지아 한 다발을 손에 들고. 어떻게든 설득하겠다는 각오로 찾았는데 막상 그들을 만나니 쉽사리 말이 나오지 않았다. 세 시간을 방송과 상관없는 수다로 채웠다. 갓 태어난 우리 아들 이야기, 아내와의 결혼 이야기 등을 주책없이 늘어놓고 돌아왔다. 그런데 다음날, 영란씨로부터 한 통의 문자메시지가 왔다.

"프리지아꽃이 너무 예뻐요."

그렇게 촬영이 시작됐다. 영란씨는 내게 자신이 예쁘게 왔다간 흔적을 남겨달라고 부탁했다. 나는 그녀의 부탁을 제대로 들어준 것일까. 모르겠다. 방송이 나간 후 창원씨의 무조건적인 희생과 헌신을 전제로 한 사랑을 놓고 많은 의견이 쏟아졌다. 그녀가 놓아줬어야 한다는 사람도 있었고, 그가 너무 바보 같다는 사람도 있었다. 무엇이 맞고 무엇이 틀린지는 여전히 모르겠다. 그런 판단이 무슨 의미가 있을까.

설령 누군가는 이기적이었고 누군가는 미련했다 한들, 변함없는 사실 한 가지는 그들이 똑같이 뜨거운 마음으로 사랑했다는 것인데.

가난한 로커의 위대한 전설

 1985년 형이 대학에 입학했다. 그런데 형은 학과공부보다는 야학활동에 매진했다. 그리고 일주일에 삼사 일은 함께 야학활동을 하는 친구들과 집에 몰려와 라면을 끓여 먹으며 밤새 끝없이 이야기꽃을 피웠다. 가끔씩은 나도 라면 몇 젓가락을 얻어먹기도 했고, 주제 넘게 형들에게 금연과 금주를 충고하기도 했다.
 그러던 어느 날 형들이 레코드 한 장을 사서 집으로 왔다. 마침 집에 고물 턴테이블이 하나 있어서 함께 듣기로 한 모양이었다. 당시 나는 FM 라디오를 즐겨 듣고 있었는데, 부드러운 팝송만 편식하고 있었다. 형들이 음반 위에 바늘을 올려놓는 순간, 다소 거칠지만 독특한 사운드와 함께 노래가 흘러나왔다. 모두가 아무 말 없이 눈을 감은 채 음악에 마음을 내맡기고 있었고 내 마음도 슬금슬금 음악 안으로 걸어들어갔다. '들국화' 1집이라고 했다. 이전에 듣던 말랑말랑한 팝송과는 비교가 되지 않을 만큼 에너지가 넘치는 음악에 나는 완전히 매료됐다. 테이프에 녹음해서 '마이마이'라는 휴대용 카세트로 매일 들었다. 그날 이후, 나는 록과 새로 사귀게 됐고 음악의 국적을 따지지 않는 '열린 귀'를 가지게 됐다.

1987년 나는 고3 수험생이 됐고 또한 록 마니아가 돼 있었다. 대학입시 준비만 아니라면 당장이라도 기타나 드럼을 배우고 싶었지만 그럴 만한 용기를 끄집어내지는 못했다. 대신에 반 친구들 중에서 기타를 잘 치는 최원식과 친하게 지냈다. 원식이는 잘생긴 외모에 과묵한 성격의 소유자였는데, 유독 나와 록에 관한 이야기를 많이 나눴다. 어느 날, 원식이가 내게 한국 록그룹 '시나위'의 여의도 공연에 함께 가자는 제안을 했다. "오케이~" 하며 즉각적인 답변을 꺼내놓으려는 순간, 슈퍼컴퓨터처럼 엄청난 속도로 여러 가지 변수가 동시에 계산되기 시작했다.

'구의동에서 여의도까지 왕복 소요시간' '공연 대기시간' '순수 공연시간' '공연 관람비용' '오늘까지 계획한 과목별 학습진도' '부모님과 선생님께 말할 알리바이'…… 내 마음은 엉거주춤해졌고 결국 기약 없는 '다음번' 카드를 집어들려는 순간, 원식이가 한마디를 덧

붙였다.

"입장료는 공짜래."

"오케이~"

당시 여의도는 시골에서 서울로 단체관광을 오면 꼭 들르는 코스였다. 63빌딩, 한강유람선, 지금은 사라진 여의도광장 등이 나름 명소였다. 그날도 여의도에 놀러온 할아버지, 할머니 들이 무료 공연이라니까 지나가다가 많이들 들어오셨다. 아마도 '전국노래자랑' 쯤으로 생각하셨던 것 같다. 그런데 신대철씨의 기타가 첫 음을 폭발시키자 너무도 황당하다는 표정을 지으면서 다들 퇴장하셨다. '원 세상에, 이게 뭔 해괴망측한 소리래?'라고 생각하시는 듯했다. 덕분에 우리는 좀더 호젓한 공간을 차지하고서 '젊음의 음악'을 마음껏 즐길 수 있었다. 신대철씨의 기타는 우리에게 말을 걸고 있었고 김종서씨의 보컬은 하늘에 닿을 듯 솟구치고 있었다.

그로부터 이십여 년이 흘렀다.

그사이 내 음악 취향은 다소간의 변화를 겪었다. 팍팍했던 고교 시절, 오로지 하드록, 헤비메탈만이 억눌렸던 청춘의 응어리를 풀어줄 수 있었던 것에 비해, 지금은 음악을 받아들이는 곳간이 한결 넉넉해졌다. 하드록은 물론이거니와 재즈, 아트록, 발라드도 즐긴다. 심지어 댄스음악이나 트로트도 가끔 듣게 된다. 젊은 시절에는 록만이 진정한 음악이라는 배타적인 고집을 피우며 다른 장르에는 아예 마음을 닫았었다면, 지금은 음악 그 자체를 듣고 즐기게 됐다.

그런데 2011년 봄, 한동안 잊고 지내던 이름, '시나위' '부활' '백두산'이 여기저기서 다시 거론되기 시작했다. 불과 이삼 년 짧은 전성기를 지내고, 조명이 비추지 않는 곳으로 사라진 듯했던 그들의 이름이 다시 불리기 시작한 것이다. 부활의 김태원씨가 예능 늦둥이로 등장해서 '국민 할매'라는 애칭까지 얻으며 왕성한 활동을 시작했고, 백두산의 유현상씨와 김도균씨도 슬슬 예능 프로그램에 얼굴을 비치기 시작했다. 그리고 마침내 시나위의 임재범씨가 MBC〈나는 가수다〉를 통해 한국 대중음악의 판도를 움직이기 시작했다.

록 마니아로서 반가운 나머지, 내 추억이 한껏 묻어 있는 1980년대 후반 그들의 전성기를 기록하고 재평가해보고 싶은 충동을 억누를 수 없었다. 그래서 기획한 프로그램이 〈MBC스페셜〉'나는 록의 전설이다'였다. 처음 이야기를 꺼냈을 때 주변에서 만류의 목소리가 적지 않았다. 록이라는 비대중적 장르의 음악을 다루는 것에 대한 걱정이었다. 하지만 나는 충분히 재미있고 감동적인 스토리가 있다는 사실을 알았기에 반드시 하겠다는 의지를 꺾지 않았다.

물론 우리나라 록의 역사를 제대로 다루자면 한 시간짜리 다큐멘터리로는 어림도 없다. 신중현씨로부터 시작해서 '산울림'과 '들국화'도 빼놓지 말아야 할 것이며, '블랙홀'과 '블랙신드롬' 등 대중적

지명도는 다소 낮더라도 역사적 의미가 작지 않은 밴드들도 잊지 말아야 할 것이다. 그러나 내가 목도했던 1980년대 후반 삼대 밴드들의 각축과 경쟁, 그리고 그 주인공들의 현재 모습을 다루는 것만으로도 충분히 의미 있는 작업이라는 판단을 내렸다. 촬영 리스트를 작성했다. 주인공은 일곱 명. 시나위의 신대철씨, 김종서씨, 임재범씨, 백두산의 유현상씨, 김도균씨, 부활의 김태원씨, 이승철씨였다. 그런데 섭외가 순조롭게 진행되지 못했다. 일곱 명 중에서 세 명이 섭외에 문제가 생겼다. 신대철씨, 임재범씨, 이승철씨가 그들이었다.

신대철씨의 경우, 그의 내성적인 성격이 섭외의 난항을 야기했다. 요즘 들어 KBS 〈TOP밴드〉에 나오는 모습을 보면 전혀 상상이 되지 않을 정도로, 당시 그는 촬영에 대해 소극적이었고 심지어 회의적인 느낌마저 내비쳤다. 그렇다고 단호하게 "노"를 외치지도 않아 애를 끓였다. 결국 수차례의 설득 끝에 수락의 답변을 얻어냈다.

임재범씨의 경우는 신대철씨와는 차원이 다른 심각한 상황이었다. 아예 연락이 닿지를 않았다. 〈나는 가수다〉에서 건강을 이유로 자진하차한 후, 미디어와의 접촉을 일체 피하고 있었다. 그런데 촬영이 중반부에 접어들었을 즈음, 신대철씨와 인터뷰를 하다가 놀라운 이야기를 듣게 됐다. 임재범씨가 〈나는 가수다〉에서 하차하자마자 전화를 했었다는 것이다. '함께 밴드를 다시 하자'고 제안을 했단다(이 내용은 나중에 임재범씨가 확인해줬다). 순간 임재범씨의 개인번호를 알 수도 있겠다는 생각이 머리를 스쳤다. 신대철씨에게 사정도 하고 협박(?)도 해서 번호를 알아냈다. 그런데 아무리 전화를 걸어도 받지 않았다. 하루에 몇 번씩 시간이 날 때마다 해봤지만 별무소득. 그렇게 며칠이 지나고 작곡가 김형석씨와 인터뷰를 할 때였다.

"이 다큐의 취지를 알게 된다면 반드시 촬영에 응할걸요?"

그러면서 임재범씨의 개인번호를 알려줬다. 그런데 신대철씨로부터 얻은 번호와 김형석씨로부터 받은 번호가 달랐다. 둘 중에 어느 것이 진짜인지, 혹은 둘 다 사용하는지, 둘 다 사용하지 않는지 도무지 알 수가 없었다. 그날부터 두 번호로 동시에 연락을 시도했다. 두 번호 모두 계속 반응이 없었다. 마치 내가 스토커가 된 기분이 들 때도 있었다. 그래도 매일 통화를 시도하고 문자메시지를 보냈다. 메시지를 통해 다큐의 기획의도와 출연자 등을 소개했고, 침체돼 있는 한국 록이 부흥했으면 좋겠다는 소망도 곁들였다. 어느덧 촬영이 막바지를 향해 가고 있던 어느 날 밤, 모르는 번호로부터 전화가 걸려왔다. 받지 않으려다가 혹시나 하는 생각에 받아봤다.

"여보세요. 혹시 유해진 피디신가요?"

"예…… 맞는데요. 누구시죠?"

"아, 저는 임재범씨 소속사 사장인데요. 왜 그렇게 자꾸 전화를 거세요?"

항의전화인가? 그래 내가 좀 심하긴 했지, 라고 생각하려던 순간, 그가 말을 이었다.

"임재범씨가 거긴 꼭 참여하고 싶다니까, 다음주쯤 촬영하는 걸로 하죠."

그렇게 임재범씨의 인터뷰는 다른 촬영을 모두 마치고 추가 촬영하듯이 진행했다. 하지만 이승철씨는 끝까지 카메라 앞에 세우지 못했다. 십육 년을 피디로 살면서 섭외에 관해선 어느 정도 '촉'이 발달해 있다고 생각한다. 처음에는 출연을 거부하더라도 답을 하는 어조, 이유, 태도의 뉘앙스를 통해 실제 출연 여부를 가늠할 수 있게 된다. 당시 일차 접촉에서 섭외가 되지 않았던 세 사람에 대해 내 촉은 어떻게 반응했을까. 신대철씨는 '결국 출연하게 될 것', 임재범씨는 '연락 자체가 안 돼 불분명', 이승철씨는 '거의 힘들 듯'이었다. 그랬다. 이승철씨의 경우는 매니저와 수차례 접촉했지만 단호한 어조로 망설임 없이 거부의 뜻을 점잖게 전해왔다. 이유도 분명하게 밝혔다. 한결같았기에 불가능의 그림자가 선명했다. 그래도 촬영을 진행하면서 몇 차례 더 의사를 타진했지만 기대를 가졌던 것은 아니었다.

이승철씨를 제외한 여섯 명의 주인공, 이들로부터 영향을 받은 후배 윤도현씨, 신해철씨, 박완규씨, 이들 음악에 심취해서 젊음을 보낸 이윤석씨, 김구라씨, 평론가 임진모씨, 강헌씨, 장기호씨, 김형석씨, 성우진씨, 강정식씨, 부활 매니저였던 백강기씨 그리고 공연장 앞에서 인터뷰에 응해준 일반인들이 프로그램의 출연자들이었다. 이 많은 사람들 중에서 나는 두 사람의 삶으로부터 강한 인상을 받았다.

첫번째 남자.

검은색 가죽옷을 위아래로 맞춰 입고, 파마머리를 어깨까지 기른 중년의 남자가 분식집으로 들어선다. 너무 자주 와서 지정석이라도 있는 듯, 망설임 없이 식탁에 앉더니 잠시의 고민도 없이 김치볶음밥을 주문한다. 이내 그의 앞에 음식이 놓이고 한 숟가락 입으로 들어간다. 그리고 낮은 탄성.

"역시 김치볶음밥은, 아아~"

소박한 식사에 감탄하던 남자, 그는 그룹 백두산의 기타리스트 김도균씨다.

1980년대 후반, 신대철씨, 김태원씨와 함께 대한민국 삼대 기타리스트로 불리며 현란한 기타 연주를 자랑하던 그였다. 하지만 피다 진 꽃처럼 짧게 끝나고 만 록의 전성기, 변덕스러운 대중은 댄스음악과 발라드를 좇아 떠났고, TV는 대중의 취향을 좇아 록을 외면했다. 저항과 자유의 상징인 긴 머리를 흔들며 포효했던 록보컬리스트들은 단정하게 이발하고 얌전한 무대매너로 감미로운 발라드를 부르기 시작했고, 무대에 설 수 없던 기타리스트, 드러머 들은 생계를 위해 밴드를 떠나기 시작했다. 하지만 스무 살부터 록밖에 몰랐던 김도균씨는 단 한 번의 곁눈질도 없이 묵묵히 한길을 걸어왔다.

마냥 걷기만 했던 것은 아니다. 그도 끊임없이 새로운 도전을 감행했다. 록의 침체기가 시작될 무렵인 1980년대 말, 그는 임재범씨와 함께 록의 본고장에서 승부수를 띄워보자는 당찬 포부를 안고 영국으로 향했다. 그곳에서 영국인 두 명과 '사랑SARANG'이라는 이름의 밴드도 결성했다. 제법 성공적이었다. 팔짱 끼고 거만하게 공연을 보던 영국인들이 동양의 두 젊은이가 벌이는 연주와 노래에 큰 박수를 보내며 앙코르를 외쳤다. 지역 BBC 라디오에도 출연할 만큼 인정도 받았고, 한국에서 다시금 부활할 수 있다는 자신감까지 생겼다. 귀국 후 밴드 '아시아나'를 결성했고 평단에서는 호평이 쏟아졌다. 하지만 그게 다였다. 댄스음악이 주류를 이루던 음반시장은 고리타분한 비주류 음악으로 치부되던 록을 차갑게 외면했고, 결국 밴드는 해체되고 말았다.

이제 남은 것은 더욱 가난해진 로커의 생활뿐. 반지하방을 전전하고 간신히 끼니를 때우는 나날이 이어졌다. 밴드를 하던 또래의 동료들이 하나둘씩 보이지 않았다. 로커도 나이를 먹는 법이고 가족이 생기고 가장이 되면서, 누구는 악기와 장비를 팔아 장사를 시작했다고 했고 다른 누구는 차마 악기를 처분하지 못해 룸살롱에서 반주를 한다고 했다. 그래도 김도균씨는 기타리스트의 길을 포기하지 않았다. 자신이 가장 좋아하는 것이 음악이고 기타인데, 또 자신의 음악적 원칙이 아직 록에 굳건히 뿌리박고 있는데, 음악이 아닌 다른 일을, 록이 아닌 다른 음악을 할 수가 없었다.

약해지지 않기 위해서 더더욱 자신을 다그쳤고 자존심을 꺾지 않겠다는 의미로 가죽옷을 고수했다. 여름에 땀띠가 나서 고생스러울지언정 가죽바지를 벗지 않았다. 그렇게 이십여 년을 버텼고 마침내 2009년, 보컬 유현상씨가 록으로 돌아오면서 백두산은 강산이 두 번 변한 끝에 재결성됐다.

"우리가 무슨 산?"
"백두산~"
관객들의 뜨거운 반응에 김도균씨가 다시 묻는다.
"저분이 무슨 상?"
"유현상~"

2011년 5월 31일 홍대 앞의 한 클럽에서, 백두산의 5집 앨범 발매를 기념하는 콘서트가 열렸다. 날렵한 몸매의 청년들은 배가 나온 중년이 됐지만, 열정은 마치 미라처럼 보존돼온 듯 과거의 그것과 다르지 않았다. 노장들의 실력 또한 녹슬지 않았다. 아니, 수십 년을 갈고닦았기에 오히려 한층 안정되고 원숙한 연주를 선보일 수 있었다. 그날 무대에서 수줍은 미소와 어눌한 말투의 착한 김도균씨는 찾아볼 수 없었다. 열정의 기타리스트가 록의 전사가 돼 무대를 휘

저을 뿐이었다. 유현상씨가 열창하던 〈주연배우〉는 마치 김씨의 지난 삶을 노래하는 듯했다.

"달콤한 캔디 쓰디쓴 커피, 한 손에는 어제 신문 구겨들고서 주연배우같이 연극 속에 사는 게, 그게 바로 인생이야~"

나이 오십을 바라보는 지구의 사나이가 십칠 년 된 소형차를 몰고 다니고 결혼도 하지 않은 채 록에 빠져 살고 있다. 자신이 진정 좋아하는 일을 일생을 바쳐서 한다는 것, 어떤 타협과 굴종도 마다하고 산다는 것.

참, 바보 같다.

하지만, 그는 진실로 멋진 삶을 살고 있다.

김도균씨를 보면서 참으로 많은 생각을 했다. 남들이 보기에는 윤기 흐르지 않는 초라한 삶을 살지 몰라도, 그는 영혼의 순수함을 잃지 않고 속세와 때 묻은 거래를 하지 않고 자신의 길을 걸어온 사람이다. 내게도 그렇게 살고자 했던 시절이 있었다. 내 모든 것을 포기하더라도 대의를 위해서 살 수 있다고 믿던 시절이 있었다. 그 당시의 내게, 돈이나 명예, 성공과 같은 가치는 중요한 고려 대상이 되지 못했다. 오히려 외면해야 할 것들이었다.

하지만 지금의 나는 많이 변해 있다. 한때 내가 외면했던 요소들이 삶의 이곳저곳에 한 자리씩을 차지하고 있다. 이런 변화를 두고 혹자는 사나운 얼굴로 '변절'이나 '전향'이라는 낙인을 찍을 수도 있고, 어떤 이는 자기 그릇에 맞는 삶의 방향을 찾아간 거라며 어깨를 두드려줄지도 모르겠다. 이런 내게 김도균씨와의 만남은 신선한 충격이었다.

자기가 옳다고 믿는 것을 위해 평생을 살아온 사람 앞에서 우리는, 또 나는 얼마나 작고 초라한 존재인가.

그리고 내게 강한 인상을 준 두번째 남자.

그를 둘러싼 소문이 무성했다. TV 녹화 도중 동료 연예인이 마음에 들지 않으면 폭행을 한다, 방송 스케줄을 펑크 내고 연락도 없이 잠적한다, 상황 전개가 마음에 들지 않으면 담당 피디 멱살을 잡는다, 그를 컨트롤할 수 있는 사람은 아무도 없다…… 무엇이 진실이고 무엇이 거짓인지 알지 못한 채 그를 만나게 됐다. 어렵게 연락이 닿아 힘들게 만남이 이뤄졌다. 바쁜 일정 탓에 네 시간만 허락된 인터뷰였다. 약속장소에 미리 도착해서 인터뷰 세팅을 마치고 그를 기다렸다. 약속시간에 맞춰 그가 도착했고 힘이 느껴지는 강한 악수를 나눴다. 남성미 넘치는 눈빛과 카리스마로 상대방을 압도하는 그는, 가수 임재범씨였다.

임재범씨를 인터뷰하게 됐다고 하니 주변에서 궁금한 것들을 하나둘씩 가져다 손에 쥐여줬다. 그만큼 그는 화제의 중심에 있는 인물이었다. 반면에 인터뷰할 때 주의해야 한다며, 그가 인터뷰 도

중 삼천포로 잘 빠지는데 절대로 중간에 말을 끊으면 안 된다고, 그러면 인터뷰 중간에 가버린다는 충고도 전해졌다. 여태껏 내가 해본 인터뷰 중에서 가장 긴장되는 시간이 될 것만 같았다.

그런데 그는 예상과 다른 모습을 보여줬다. 오면서부터 더운데 고생한다며 스태프를 위해 아이스커피를 사왔다. 또 그의 답변이 장황하게 이어져서 "시간이 많지 않아 중간에 자르겠다"고 했더니 아주 흔쾌하게 수락했다. 내가 그보다 나이가 적은데도 그는 나를 '감독님'이라 부르며 깍듯하게 예의를 갖췄고, 무엇보다도 내가 궁금해하는 내용들을 거침없이 솔직하게 이야기해줬다.

그의 이야기는 1986년 봄부터 시작됐다. 그때 그야말로 세상을 떠들썩하게 만든 한 곡의 노래가 등장했으니, 바로 그룹 시나위의 〈크게 라디오를 켜고〉라는 곡이었다. 대한민국 최초의 헤비메탈곡이라는 이 곡은, 가슴속 응어리를 토해내듯 시원하게 내지르는 보컬 임재범씨의 두터운 고음과 신기에 가까운 기타리스트 신대철씨의 다이내믹한 연주로 단숨에 사람들의 마음에 불을 질렀다. 특히 체형이 큰 서양인에게만 가능하다던 샤우팅 창법을 20대 초반의 한국 젊은이가 성공해낸 것에 대해 많은 사람들이 주목했다. 그러나 시나위 1집 활동을 제대로 펼쳐보기도 전에 임재범씨는 군대에 가야 했고, 그의 뒤를 김종서씨가 메웠다. 그리고 군대를 제대했을 때는 이미 록의 침체기가 밀려와 있었다. 김도균씨와 영국에 진출했었고 한국으로 돌아와 야심차게 준비했던 아시아나의 실패를 맛봤다. 결국 임재범씨는 머리를 짧게 자르고 솔로로 데뷔했다.

〈이 밤이 지나면〉을 타이틀로 내세운 솔로 1집은 무려 육십만 장 이상의 판매고를 기록하며 대성공을 거뒀다. 그러나 록을 함께하던 동료들의 시선은 차가웠다. 배신과 변절에 대해 야유와 조롱이 쏟아졌다.

"'너 요즘에 잘나가니까 좋아?' 할 말이 없더라고요…… 피했어요. 아무 말도 없이. 역시 똑같은 얘기 많이 들었어요. '어우, 형님 요즘 솔로로 잘나가시데요.' 섭섭하니까. 그래서 그 당시에도 가끔 포장마차나 이런 데서 막걸리 한잔할 기회가 있으면 전 대철이한테 무조건 사과부터 했어요. '미안하다.'"

당연히 마음이 편치 않았다. 옛 동료들의 따가운 시선 때문만은 아니었다. 마음속에 용암처럼 끓고 있는 로커의 본능을 외면하고 다른 장르의 마이크를 붙잡고 있는 자신이 낯설고 화가 났다. 방송은 그에게 소울과 발라드 가수로 서라고 강요했다. 하지만 더이상은 자신을 속이고 싶지 않았다. 세상의 질서에 편입되기에는 자신의 질서가 너무도 공고한 사람…… 결국 그는 홀연히 방송을 접고 오대산으로 들어가 일 년 동안 칩거에 돌입했다. 그 뒤 앨범을 내고 잠적하고, 다시 돌아와 앨범을 내고 잠적하는 일이 반복됐다.

그렇게 영원히 정착하지 못하고 야인으로, 기인으로 살 것 같던 임재범씨가 긴 공백을 깨고 돌아온 것은 〈나는 가수다〉를 통해서였다. 아내 때문이었다. 십 년 전 결혼식날 그는 삭발까지 하며 아내를 위해 살겠다고 다짐했다. 사랑하는 사람이 행복할 수 있도록, 그 행복이 나로 인한 것이 되도록 노력하겠다는 약속.

하지만 그는 약속을 지키지 못했다. 록을 향한 열정은 쉽게 꺼지지 않았고, 그 열정의 불을 제대로 지필 수 없는 삶에서 그는 아무것도 할 수 없었다. 그간 만든 곡의 저작권료가 수입의 전부. 적을 때는 한 달에 고작 7700원이 통장에 입금됐고 아예 수입이 없는 달도 있었다. 처절한 가난을 맛봤다. 난방이 들어오지 않는 집에서 옷이란 옷은 모두 껴입고 겨울을 났다. 당시 다섯 살이던 딸아이가 감당하기에는 모질고 혹독한 추위의 나날들이었다.

"아빠, 너무 추워요, 그러는데 그때 눈물이 나려고 하더라고요. 못 참겠더라고요. 내 새끼가 춥다는데 돈이 없어요. 내 새끼가. 예를 들면 중국음식점에 만이천원짜리 세트가 있거든요. 짜장면 둘에 탕수육 하나를 일 년에 두 번 정도밖에 못 먹었어요. 너무 먹고 싶다 그래서, 그것도 고민, 고민. 집사람하고 거의 한 시간 동안 이야기를 하다 시켜요. 주저, 주저, 주저하다가. 패밀리레스토랑이요? 못 가요. 택시요? 못 타요. 걸어다녔어요."

딸의 이야기를 꺼내는 순간, 원래도 강렬했던 그의 눈빛이 더욱 강해졌다. 가장 사랑하는 대상이 힘들어할 때의 안타까움, 그런데 힘듦의 원인이 내게 있다는 비참함. 스스로에 대한 참을 수 없는 회의와 분노가 고스란히 눈에 드러났다. 어찌 모를까. 나도 한 아이의 아빠인 것을. 그가 느꼈을 법한 감정이 울컥하고 올라왔다.

아이를 위해서라도 돈을 벌어야 했지만 로커로서의 자존심은 스스로도 통제가 되지 않았다. 그러다 2011년 초 갑상선암이었던 아내에게 간과 위까지 전이됐다는 진단이 내려졌다. 어떻게든 병원비를 마련하고 아내를 살려내야 한다는 결심을 한 순간, 그에게는 로커보다 가장의 마음이 앞섰다. 그렇게 그는 다시 무대에 올랐다. 그리고 그의 등장으로 인해 대한민국은 한바탕 요동을 쳤다.

"아내도 많이 행복해졌고 또 남편이 열심히 일하는 모습을 보고 지금은 암도 많이 호전됐고요. 많이. 역시 그게 제일 좋은 방법이었어요. 희생이 사랑의 기본이라는 걸 이번에 체험을 한 거죠. 그래, 내가 부서지니까 한 사람이 사는구나."

신념을 꺾는다는 것, 자존심을 버린다는 것이 쉬운 일은 아니었다. 하지만 그는 이제 자존심만으로는 살아갈 수 없는 가장이고 아빠다. 그리고 한 번의 부서짐으로, 그는 그토록 사랑하는 록을 대중과 함께할 수 있는 기회를 다시 얻었다. 2011년 6월부터 개최된 전국 순회 단독 콘서트는 연일 만여 명 이상의 청중을 동원하며 대성공을 거뒀다. 그곳에서 임재범씨는 마치 응어리진 한을 토해내듯 노래를 불렀다. 그리고 그 무대 절정의 순간에 어김없이 록이 등장했다.

"Rock in korea! We're rocking everyday~"

오십의 나이에도 불구하고 두려움 없이 고음을 질러대던 그는, 대한민국 록의 역사상 가장 많은 청중 앞에서 록을 노래한 사람으로 기록될 것이다.

사람들은 김도균씨에게 박수를 보낸다. 한길만을 고집하는 그 우직한 정신에 대한 갈채다. 혀를 차는 사람들도 있다. 험난한 삶을 살아가는 그 미련한 고집에 대한 비아냥이다. 사람들은 임재범씨에게 박수를 보낸다. 방황했고 기행을 거듭했지만 결국 화려하게 재기한 그 실력과 열정에 대한 감탄이다. 고개를 가로젓는 사람들도 있다. 생활에 떠밀려 록을 외면했던 시간에 대한 문책이다.

이 둘 중 누가 옳았을까. 누구도 100퍼센트 옳지 않고 누구도 100퍼센트 틀리지 않았다. 누구의 삶이 성공적인 것일까. 누구의 삶도 100퍼센트 성공이 아니고 누구의 삶도 100퍼센트 실패가 아니다.

삶은 옳고 그름을 따지는 논리의 각축장도 아니고, 정답과 오답이 분명한 시험지는 더더욱 아니다. 옳다고 생각하는 것들을 찾아서 익히고 틀렸음을 알았을 때는 고치고, 하지만 알고 있으면서도 또 틀리고…… 그렇게 살아가는 것일 뿐.

그래서 세상에 본래 100퍼센트 완벽한 사람은, 또 100퍼센트 완벽한 삶은 어디에도 없는 것이다.

* 방송 후, 고등학교 때 기타를 치던 친구 원식이와 연락이 닿았다. 고등학교 졸업 후 한 번도 만나지 못했던 그 친구를 트위터를 통해서 만나게 됐다. 놀랍게도 그는 현재 '김창완밴드'의 베이시스트다. 그리고 그는 '나는 록의 전설이다'에 나온 신대철씨의 젊은 시절 사진이, 우리가 함께 갔던 여의도 공연의 사진이라고 말해줬다.

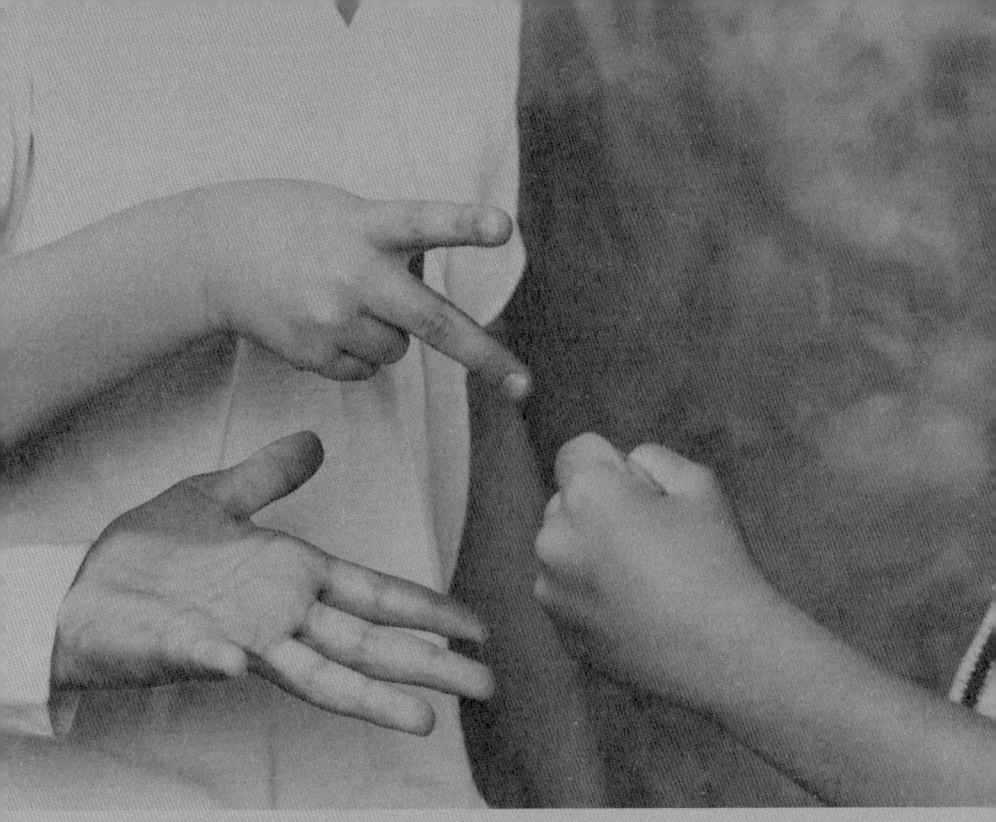

．
．
삶은 옳고 그름을 따지는
논리의 각축장도 아니고,
정답과 오답이 분명한 시험지는 더더욱 아니다.
옳다고 생각하는 것들을 찾아서 익히고
틀렸음을 알았을 때는 고치고,
하지만 알고 있으면서도 또 틀리고……
그렇게 살아가는 것일 뿐.

저는 아프면 안 돼요, 엄마니까요

"은서야, 홍현아~"

내 반가운 부름에 홍현이가 먼저 달려와 와락 품에 안긴다. 순간 콧등이 시큰해진다. 거의 열 달 만에 만나는 것인데 그사이에 많이들 컸다. 최은서, 최홍현. '풀빵엄마' 최정미씨의 아이들이다.

'풀빵엄마'. 2009년 5월 〈휴먼다큐 사랑〉 시리즈의 하나로 방송된 프로그램의 제목이다. 서른일곱 살의 장애인이자 싱글맘인 최정미씨는 말기 위암환자였다. 항암치료로 기력은 쇠하고 몸은 피폐해졌지만, 휴식과 안정은 그녀에게 허락되지 않았다. 아니, 자기 스스로 허락하지 않았다. 그녀는 아픈 몸을 이끌고 매일 새벽부터 일어나 풀빵반죽을 준비하고 밤 9시까지 한겨울 칼바람을 맞으며 장사를 했다. 하루도 쉬지 않고 일에 매달린 이유는 단 하나. 언제 헤어지게 될지 모를 두 아이, 은서와 홍현이의 미래를 준비해야 했기 때문이다. 매일같이 생과 사를 넘나드는 전쟁을 벌이면서도, 정말 말 그대로 '목숨 걸고' 일하며 하루하루를 필사적으로 견뎌내면서도 그녀는 웃음을 잃지 않았다.

그 웃음을 보는 내내 마음이 편치 않았다. 내 몸이 죽을 것처럼 아픈데 어찌 저리 아이들 생각이 먼저일까 싶어 안타까운 마음도 있었다. 고통과 상처를 숨긴 억지웃음이라는 생각에 보는 것만으로도 가슴이 아렸다.

하지만 촬영을 거듭하면서 알았다. 그녀의 미소가 '진짜'라는 사실을. 육체적으로는 통증을 느낄지언정 마음으로는 기쁨을 느끼고 있다는 사실을. 살이 찢기는 듯한 고통 속에서도 아이들만 떠올리면 절로 미소가 지어진다는 사실을 말이다. 힘들지 않느냐는 염려에 그녀의 대답은 언제나 한결같았다.

"엄마잖아요…… 할 수 있어요."

그녀의 미소가 '의지'가 아닌 '마음'이 만들어낸 미소라는 사실을 알고 나자, 어느새 나도 그 미소에 기꺼이 화답할 수 있었다. 흔연한 마음으로 웃을 수 있었다.

최정미씨를 처음 만난 건 2008년 11월이었다. 바로 한 달 전에 방영된 고故 최진실씨의 추모다큐를 제작하면서 싱글맘의 문제에 대해 깊이 생각해보게 됐다. 이혼에 대해서는 당당했으면서도 아이들 문제 앞에서는 한없이 무너졌다는 그녀의 이야기를 접하면서, 싱글맘과 그 자녀들이 겪어야만 하는 사회적 고통을 가늠할 수 있었기 때문이다. 뿌리깊은 유교적 전통이 빚어낸 우리 사회의 편견은 그들을 힘들고 외로운 구석에 머물도록 하고 있었다. 싱글맘의 사연을 카메라에 담겠다고 결심한 건 그때였다. 프로그램을 통해 그들의 아픔을 우리 사회가 가슴으로 함께 느끼고, 따뜻하게 껴안아줄 수 있게 됐으면 좋겠다는 바람을 품었다.

그렇게 최정미씨와 그녀의 두 아이, 은서와 홍현이를 만났다. 고백건대 첫눈에 반하고 말았다. 지혜롭고 현명한, 그리고 무엇보다도 씩씩한 엄마와 일곱 살의 어린 나이지만 오히려 엄마를 걱정하고 동생을 보살피는 은서, 천진난만한 개구쟁이 홍현이. 세 명의 가족이 연주하는 사랑의 하모니는 그 어떤 명곡보다도 아름답고 슬펐다.

하지만 사실 정미씨에게 삶은 아름답기는커녕 불공평한 것이었다. 어려서 소아마비를 앓아 한쪽 다리를 저는 장애를 안고 살아야 했고, 결혼을 약속했던 남자와 오 년을 동거했지만 결국 싱글맘이 되고 말았다. 그래도 두 아이를 예쁘고 건강하게 키우겠다는 각오로 열심히 살아왔건만, 2007년 7월 소화불량 때문에 찾은 병원에서 청

천벽력 같은 소리를 들었다. 위암 2기였다. 급히 수술대에 올랐지만 사 개월 후 암은 다른 곳으로 전이됐고 말기 판정을 받았다. 살아날 확률이 희박함을 그녀 역시 알고 있었지만 결코 포기할 수 없었다. 포기해서는 안 됐다.

그녀는 '엄마'이기 때문이다.

함께한 시간 동안 그녀가 가장 자주 꺼낸 단어는 엄마, 였다.

"저만 살면…… 저만 살면, 아이들은 제가 어떻게 해서라도 해줄 수 있으니까요. 노점을 하든 뭘 하든 충분히 자신이 있거든요. 아이들 그늘막이 돼줄 수 있어요. 엄마잖아요. 제가 해줄 수 있어요."

죽음의 그림자가 드리우면, 대개의 사람들은 좌절하거나 원망하거나 화를 낸다. 왜 내게 이런 일이 생긴 건지, 내가 무슨 잘못을 한 건지, 밀려오는 슬픔과 절망을 감당하지 못해 힘겨워한다. 하지만 정미씨에게는 그런 감정조차 사치인 듯했다. 아파하고 힘겨워할 시간조차 아까운 듯했다. 자신이 떠난 뒤 세상에 덩그러니 남겨질 두 아이를 생각하면, 한가하게 스스로를 가여워할 시간이 없었다. 어떻게든 건강해지고, 반드시 살아남아야 했다.

그녀에게 있어 살고 싶다는 것은, 바람이나 소망, 희망 같은 것이 아니었다.

엄마로서 최소한의 의무이자 책임이었다.

살고자 하는 그녀의 노력은 처절할수록 더욱 숭고했고, 지켜보는 나를 숙연하게 만들었다. 그녀는 자신이 아파서 힘든 것이 아니었다. 자신이 아파서 아이들을 돌보지 못하는 것이 힘들 뿐이었다.

"힘든 거요? 참을 수 있어요. 차라리 제가 없어지는 것보다. 제가 없어지고 나면 우리 아이들 힘들 거 생각해봐요. 그래서 이 정도는 참을 수 있어요. 아프면 안 돼요. 저는…… 엄마잖아요."

그녀는 자신을 돌보는 것보다 딸과 아들을 챙기는 일이 우선인 사람이었다. 아파 쓰러지는 순간에도 아이들 걱정이 더 컸던 사람이었다. 자신이 가진 모든 것을 내어주면서도 가족이라는 끈만은 끝까지 붙잡았던 그녀의 모습이 가슴 아프면서도, 그 처절한 모성애에 깊은 감동을 받을 수밖에 없었다.

후에 '풀빵엄마'의 내레이션을 맡았던 방송인 허수경씨는 녹음하던 중 눈물을 주체하지 못해 몇 차례 중단하다가 결국에는 통곡하고 말았다. 순간 녹음실에 있던 모두가 함께 울음을 토해냈다. 그녀가 간신히 마음을 진정시키고 통곡했던 이유를 털어놓았다.

"나도 내 딸이 있으니까, '내가 저 상황이면 어떻게 될까? 아, 엄마는 아프면 안 되는구나' 싶어서요. 어떤 상황보다도 아이들이 앞으로 맞이하게 될 상황들이 너무 가슴이 아픈 거예요."

방송을 하면서 때론 사람의 탈을 쓰고는 도저히 저지를 수 없을 것 같은 악행을 버젓이 일삼는 사람들을 보며 분노하기도 하고, 이런 세상에 내가 살고 있다는 사실에 치를 떨 때도 있다. 하지만 그럼에도 이 세상이 아직은 살 만하다고, 열심히 살아볼 가치가 있다고 여기는 까닭은 자신의 삶을 최선을 다해 사랑하는 정미씨 같은 사람들이 곳곳에 있다는 사실을 알기 때문이다. 부족한 환경을 원망하고 좌절하기보다 그 속에서 조금이라도 더 잘, 더 열심히 살아보려고 애쓰는 사람들의 몸부림과 값진 땀을 바라보며, 나는 살아간다는 것의 의미를 배우곤 했다.

삶이란, 설사 그 결이 울퉁불퉁하고 그 색이 우중충하더라도, 그것을 곧게 펴고 화사하게 빛낼 가능성이 있는 한, 여전히 아름다운 것이라는 사실을 깨달을 수 있었다.

그런데 촬영을 진행하면서 나를 더 감동시킨 사람은 어린 은서였다. 미운 일곱 살이라는 말도 있듯이 한창 부모 속 썩이고 말썽부릴 나이에, 의젓하고 어른스러운 모습으로 내게 놀라움을 넘어 감동을 안겨줬다. 정미씨가 아이들을 보살필 체력도 경제력도 되지 않는 까닭에 평일에는 스물네 시간 운영하는 어린이집에 아이들을 맡기고 주말이 돼야 만날 수 있었다. 그곳에서 은서는 엄마를 대신해 동생을 씻기고 먹이고 재우는 역할을 도맡았다.

엄마 품으로 돌아온 주말이라고 별반 다르지 않았다. 독한 항암 치료 때문에 신경이 망가져 자주 통증을 느끼는 엄마의 다리를 조막

만한 손으로 꼭꼭 주물러주던 아이. 그리고 은서는 그 손으로 다시 동생을 목욕시키고 반찬그릇에 랩을 씌우고 설거지를 했다. 그 솜씨가 어찌나 야무지고 능숙하던지, 얼마나 많이 해봤으면 이렇게 자연스러울까 싶어 마음이 짠해졌다.

엄마가 아프고 나서 언젠가부터 시키지 않아도 스스로 일을 찾아 했다고 한다. 그런 은서를 주변에서는 어른스럽다고 칭찬했지만 정미씨의 마음은 편치 않았다.

"우리 은서가 엄마 누워 있으라고…… 동생 데리고 밥 먹고 치우고, 아이들이…… 저희 은서가 너무 빨리 커버린 게…… 어떤 엄마가 일곱 살 딸에게 이런 일을 시키고 싶겠어요? 엄마가 해야 할 몫을 자꾸 아이한테 하나씩 하나씩 짐을 지워주는 것 같아요."

은서가 엄마에게 가장 자주 하는 말은 "사랑해"나 "보고 싶어"가 아닌 "밥 먹어"였다. 위의 70퍼센트를 절제한 탓에 거의 먹지 못하는 엄마를 어린 딸은 늘 걱정하고 있었다. 이렇게 어른스럽고 대견한 아이인데, 안타깝게도 아이는 엄마가 아픈 것이 자기 탓이라고 생각하는 듯했다. 엄마를 집에 남겨놓고 돌아온 어린이집에서 은서는 조심스레 속내를 털어놓았다.

"내가 엄마한테 잘해준 게 있으면 좋겠는데…… 근데 잘해준 게 없어요, 엄마한테. 애들 잘 때, 나요, 기도하는데. 맨날."

아이한테 잘해준 것이 없다고 후회하는 부모는 봤어도, 엄마에게 잘해준 것이 없다고 자책하는 아이는 처음 봤다. 먹먹해지는 가슴을 간신히 누르고 물었다.

"은서, 기도한다고? 뭐라고 기도하는데?"

"엄마 퇴원하고 싶다. 하느님, 엄마 퇴원하게 해주세요. 엄마 아프게 안 하고 싶어요. 집에 가고 싶어요. 이런 말도 했는데."

하늘은 언제쯤 은서의 기도를 들어줄까. 교회를 다니지 않는 나였지만 그 순간만은 신의 존재를 믿고 싶었다. 그리고 그 신에게 부탁하고 싶었다.

이 어린아이의 순수한 기도를 외면하지 말아달라고.

얼마 뒤, 은서와 홍현이가 다니는 어린이집에서 재롱잔치가 벌어졌다. 그날만은 아이들에게 건강한 모습을 보여주고 싶은 욕심에 정미씨는 평소 하지 않던 화장을 하고 미용실에서 예쁘게 머리도 했다. 몇 달간 연습한 율동을 선보이는 아이들. 공연이 끝나고 사회자가 은서에게 질문을 던졌다.

"오늘 누가 왔어요?"

"엄마요."

"엄마한테 하고 싶은 말 있어요?"

잠시 뜸을 들이던 은서가 의외의 말을 꺼냈다.

"엄마, 우리 키워주셔서 고맙습니다."

객석에서 박수가 터져나왔다. 아마도 사람들은 어린아이가 기특하다고만 생각했을 것이다. 하지만 정미씨는 울음을 터뜨렸다. 그리고 지켜보는 내 눈가에도 눈물이 번졌다. 이 년 넘게 암과 싸워가며, 매일 새벽부터 밤까지 풀빵을 구워 팔며, 아이들을 키워낸 그녀. 자신의 몸 하나 건사하기도 힘든 상황에서 두 아이를 돌보기란 기적에 가까운 일임을 알기에, 은서의 한마디가 가슴을 후벼팠다. '키워주셔서 고맙다'는 말이 내게는 '살아주셔서 고맙다'는 말로 들렸다.

"엄마, 살아주셔서 고맙습니다. 앞으로도 계속 우리와 함께 살아주세요."

아이는 그렇게 온 마음을 다해 말하고 있었던 게 아닐까. 엄마를 잃을 수도 있다는 두려움은 엄마가 살아 있음을 더욱 감사하게 만들고 있었던 것 같다. 그리고 엄마이면서 아빠인, 때때로 아이들의 친구이기도 한 정미씨의 처절한 모성애는 오늘 우리에게 묻는 듯했다.

'당신은 진정 가족을 사랑하고 있는지.'

2009년 설날 아침, 그녀는 내게 다짐했다. 어떻게든 내년에도, 후년에도, 그 다음해에도 아이들과 새해를 맞겠다고. 결코 희망을 포기하지 않겠다고. 그것이 아이들에게 줄 수 있는 가장 큰 새해선물이라고.

살아남겠다고.

그녀의 그 약속은 방송의 마지막을 장식했다. 아마 나뿐 아니라

많은 시청자가 믿었을 것이다. 그리고 응원했을 것이다. 그녀가 어떻게든 약속을 지켜내길……

하지만 약속은 지켜지지 않았다.

방송 두 달 후인 2009년 7월 30일, 정미씨가 세상을 떠났다. 〈W〉 제작을 위해 아프리카에 머물고 있던 내게 그 소식이 전해진 시각은 새벽 2시. 아무것도 할 수 없었다. 그 자리에 부동자세로 앉은 채 아침을 맞았다. 그토록 사랑하던 두 아이를 남겨두고 차마 눈을 감지 못했을 그녀를 생각하며 연신 뜨거운 무엇을 삼켜야 했다. 귀국 후, 수많은 사람들이 내게 물어왔다.

"은서하고 홍현이는 누가 돌보지?"

정미씨의 언니, 은서와 홍현이의 이모가 맡기로 했다고 대답하면 바로 다음 질문이 꼬리를 물었다.

"자기 애들도 아닌데 둘이나 잘 키울 수 있을까?"

그러고 보니 나는 이모와 이모부를 만난 적이 없었다. 솔직히 나 역시 은서와 홍현이가 잘 지내고 있을지가 불안했다. 그분들을 믿지 못해서가 아니라 아이를 키우는 일이 얼마나 어려운지 알기 때문이었다. 눈에 넣어도 아프지 않을 것 같았던 내 아이조차 가끔은 밉고 귀찮아지는 때가 있는데, 조카를 자식처럼 보살피기란 말처럼 쉬운 일이 아닐 터였다. 눈앞에 '풀'자나 '빵'자만 스쳐도 가슴이 덜컹덜컹

내려앉는 시간들이 이어졌다.

'돌아가신 엄마를 그리워하며 울다가 지쳐 잠들지나 않을까. 수업시간에 엄마 얼굴을 그리라는 과제라도 주어지면 그 큰 눈에서 닭똥 같은 눈물이 뚝뚝 떨어지지는 않을까. 그럴 리는 없겠지만 이모, 이모부와 정붙이지 못하고 겉도는 것은 아닐까……'

왜 늘 불안함은 극단적인 상상을 자극하는지. 애써 나쁜 생각을 떨쳐내려 해도 마음처럼 쉽지가 않았다.

사방팔방 수소문해 이모네 연락처를 알아봤지만 통 구할 수가 없었기에 불안은 더욱 커져만 갔다. 은서와 홍현이를 돌보던 사회복지사도, 정미씨와 자매 이상으로 정을 나누던 떡볶이 아줌마도 연락처를 모르고 있었다. 그런 저간의 사정이 나를 쉽게 안도하지 못하게 만들었다. 결국 은서가 다니던 초등학교에 전화해서 전학간 학교를 알아냈고, 은서의 새 담임선생님과 통화할 수 있었다. 마음이 급했는지, 제대로 내 소개를 마치기도 전에 다짜고짜 은서의 근황부터 물었다.

"은서는 잘 지내나요? 이모님은 어떤 분이세요?"

"이모님은 매우 조용한 분이세요. 다만…… 은서는 조금 의기소침한 상태예요. 아직 초등학교 1학년 과정을 제대로 못 따라오고 있습니다."

마음이 급해졌다. 은서와 홍현이를 만나서 지내는 데 불편함은 없는지 솔직한 답변도 듣고, 이모를 만나서 아이들을 잘 키울 자신이 있는지 따져보고도 싶었다. 그저 방송으로 맺은 인연이 전부인 나로서는 주제넘은 일일지 모르지만, 그렇게 앞뒤를 생각할 겨를이 없었다. 그저 아이들 걱정뿐이었고, 어떻게 지내고 있는지 확인해야겠다는 생각만이 머릿속을 떠돌았다.

복잡한 경로를 통해 간신히 이모의 연락처를 손에 넣었다. 그런데 막상 전화를 걸려니 선뜻 전화기에 손이 가지 않았다. 정체를 알 수 없는 불안함이 자꾸 손을 들었다. 왜 전화했냐며 모질게 전화를 끊지는 않을까. 만약 그렇게 된다면 아이들과 맺었던 관계의 끈을 더이상 이어갈 수 없게 될지도 모를 일이었다. 내가 먼저 나한테도 아이들의 상황을 확인해야 할 최소한의 권리는 있는 것 아니냐고 큰소리를 쳐볼까. 그러다 오히려 역효과가 나지는 않을까. 이런저런 경우의 수가 머릿속에서 수군거리기만 할 뿐, 생각은 쉽사리 정리되지 않았다.

더이상 고민하다간 시간만 지체될 것 같아, 무작정 전화를 걸었다. 수화기 건너편에서 차분한 목소리가 들려왔다.

"여보세요?"

"아, 네. 아…… 안녕하세요. 저는 MBC 유해진 피디라고 합니다. 저……"

나는 더듬거리며 내 소개를 했고 아이들의 근황을 알고 싶어서 전화했노라고 설명했다. 어떤 반응이 돌아올지 몰라 긴장한 순간, 의외의 답변이 들려왔다.

"왜 이제야 전화하셨어요? 진작 전화하실 줄 알고 얼마나 기다렸는데…… 걱정 많이 하셨죠? 다행히 아이들은 차츰 안정을 찾아가고 있어요."

전화선을 타고 온 이모의 음성이 아이들의 현재를 묘사하는데, 눈앞에 아이들의 영상이 바로 어제까지 봐왔던 것처럼 생생하게 그려졌다. 웃음을 머금으며, 고개를 끄덕였다. 그렇게, 그렇게 통화를 했다. 오래된 체증 같은 불안감이 내려가는 순간이었다.

아이들을 다시 만난 것은 통화 후로도 몇 달이 지나서였다. 〈W〉 촬영으로 정신없이 해외를 다니느라 시간을 내기가 힘들기도 했고, 괜히 아픈 기억을 다시 끄집어내는 것은 아닐까 하는 걱정 때문에 용기를 내지 못한 탓도 있었다.

그러다 2010년 봄, 오랜 주저함을 뒤로하고 아이들을 직접 만났다. 은서와 홍현이는 나만큼이나 선명하게 우리 관계를 기억하고 있었고, 일 년 전 함께했던 놀이와 장난 들도 잊지 않고 있었다. 이미 이모와의 통화에서 아이들이 잘 지내고 있다는 사실을 확인했지만, 내 욕심은 '실제 모습 확인'을 고집부려왔는데, 그 작업은 순식간에 끝이 났다. 나 역시 아이를 키우는 입장에서 아이가 어른을 정겹게 느끼는지 어렵게 대하는지 정도는 슬쩍만 봐도 판별할 수 있었다. 은서와 홍현이는 이모를 '엄마'라고 부르면서 수다의 대상으로 삼고 있었다. 편하게 느끼고 있는 것이 분명했다.

"엄마, 있잖아. 오늘 학교에서 내 짝이 내 연필을 빼앗아갔다. 그거 나쁜 거지?" "엄마, 오늘 점심에 김치찌개가 나왔는데, 엄마가 해준 것보다 맛이 없었어." "엄마, 근데……"

연신 수다를 늘어놓는 모습을 보면서 나는 가만히 웃으며 고개를 끄덕였다. 비로소 마음이 완전히 놓였다. 한 가지 놀라운 사실은 은서의 변화였다. 일곱 살의 나이에도 불구하고 아픈 엄마를 대신해 동생을 챙기고 식사를 차리던 어른스러운 모습은 온데간데없이 사라지고, 딱 아홉 살만큼의 어리광과 애교가 그 자리를 대신하고 있었다. 조숙했던 모습에 가슴 시려하며 촬영했었는데, 제자리로 돌아온 모습에 가슴 쓸어내리며 안도했다. 은서는 이제야 '아이'가 돼 있었다.

초등학교 2학년이 된 은서는 구구단도 모두 외웠고 종종 받아쓰기도 100점을 받는 등 학교생활에 완전히 적응했다. 이모부가 퇴근하면 "아빠~" 하며 제일 먼저 달려가 품에 안기고, 이모부의 무릎에 앉아 TV를 본다고 했다. 아들만 둘이던 다소 삭막했던 집안 분위기를 '딸내미' 은서가 화사하게 만들었다. 춤을 좋아해 댄스학원에 다니며 집에서 종종 솜씨를 뽐내기도 한다는 이야기에는 살짝 놀라기도 했다. 은서에게 그런 끼가 있을 줄이야. 홍현이는 4남매의 막내로서 여전한 장난기로 형들의 사랑을 받고 있었다. 아이들에 대한 깊은 애정과 교육에 대한 분명한 철학을 가진 '아빠, 엄마'와 함께 은서, 홍현이는 매우 행복해 보였다.

아이들을 만나고 돌아오는 길, 그동안 걱정해줬던 사람들에게 전화를 돌렸다. 내가 보고 느낀 만큼 이야기해주자 그들은 모두 자기 일처럼 크게 기뻐했다. 너무 기쁜 나머지 목이 메어 말을 쉽게 잇지 못하는 이들도 있었다. 그날 나는 '천사'들을 만났고, 천사들과 전화 통화를 나눴다. 세상이 온통 천사들로 가득한 것만 같은 느낌, 살면서 몇 번이나 느끼게 될까. 그런 느낌의 세상을 향해 단 1센티미터만이라도 가까이 다가가도록 하는 데 내 방송의 역할이 있음을 다시 한번 생각해봤다.

2010년 나는 '풀빵엄마'를 통해 국내 방송사상 최초로 '국제에미상'을 받았다. 기쁘지 않았다면 거짓말일 것이다. 피디로서 다시 누리기 힘든 영광스러운 수상임에 분명하니 말이다.

기뻤지만, 또한 슬펐다.

'풀빵엄마'라는 프로그램은 남았지만 정작 '풀빵엄마'는 세상을 떠났기 때문이다. 너무 뻔하고 형식적인 인사일지 모르지만, 뒤늦게

나마 이 자리를 빌려 그녀에게 말하고 싶다.

"정미씨, 이 상은 당신의 위대한 모성애가 받은 상이에요. 축하합니다."

Part 2

천 가지 슬픔은 한 가지 기쁨으로 덮인다

세상의 무수한 슬픔에 아파하기보다
단 하나의 기쁨에 감사할 줄 아는 사람들.
그들은 고된 삶을 행복하게 만드는 방법을 아는 사람들이었다.
그것이 사랑이든 꿈이든 신념이든.
절대 포기하지 않고 지켜갈 한 가지만 있다면
삶은 살아볼 만한 것이라는 사실을
나는 그들을 통해 배웠다.

엄마가
되고 싶은
엄지공주

"유해진 피디는 대표작을 뭘로 꼽나요?"

간혹 이런 질문을 받을 때가 있다. 대표작…… 사실 삼사 개월 동안 시청자들의 마음을 쥐락펴락하는 대박 드라마 몇 개쯤 만들어낸 것도 아니고, 한 번 방송하고 마는(어쩌다 재방송을 하면 두 번 방송하게 되는) 다큐멘터리 연출 피디로서 대표작을 꼽아보는 것은 조금은 낯간지러운 일인 듯싶다.

하지만 내가 연출했던 프로그램들 중에서 남다른 애착이 가는 작품들은 분명히 있다. 일 년 가까운 시간 동안 주인공들과 뜨거운 마음으로 촬영하고, 가슴 벅차게 방송하고, 또 방송 후에는 긴 여운을 남긴 바 있는 '너는 내 운명' '안녕, 아빠' '풀빵엄마' 등이 그것들이다. 이 정도는 아마도 다큐멘터리에 대해 각별한 관심과 애정을 가지신 분들이라면 짐작해보실 수 있을 것이다.

그런데 조금은 다른 측면에서 내게 특별한 의미를 지닌 프로그램이 있다. 바로 '엄지공주, 엄마가 되고 싶어요'다. 두 가지 의미에서 내게는 아주 특별한 프로그램이었는데, 첫번째는 개인적 경험을 바탕으로 해서 만들어진 프로그램이라는 점이다. 2005년 11월, 나는 결혼 만 삼 년 팔 개월 만에 아빠가 됐다. 한 번의 유산과 이 년여의 기다림을 겪었다. 오지 않는 아이에 대한 기다림은 초조함을 넘어선 고통의 시간이었다. 그리고 마침내 찾아온 기적 같은 만남, 아이를 품에 안았을 때의 찬란한 기쁨. 그 과정들이 너무도 드라마틱해서 프로그램으로 담아보고 싶다는 욕심을 품었다. 결국 그 주인공을 엄지공주 부부가 맡아준 것이다.

또 한 가지의 특별함은 '엄지공주, 엄마가 되고 싶어요'가 삼 년에 걸쳐 시리즈로 방송됐다는 점이다. 첫해 제작할 때만 해도 삼 년을 계속 제작하게 되리라고는 전혀 생각하지 못했다. 물론 2007년 방송분에서는 엄지공주 부부가 결국 아이를 가지는 데 실패했기에, 임신과 출산의 과정을 그린 2008년 방송은 충분히 가능했던 이야기였다. 그런데 문제는 세번째 편으로 방송된 2009년 방송분이었다. 2008년 방송을 통해서 임신과 출산의 전 과정을 방송하고 나니, 엄지공주는 이미 엄마가 됐고 더이상 방송으로 담아낼 이야기는 없다고 판단했다. 아기를 키우는 작은 일상 외에는 새로운 내용이 없었기 때문이다. 그래서 2009년 〈휴먼다큐 사랑〉을 담당하고 나서 아이템을 찾을 때, 엄지공주의 이야기는 전혀 안중에 없었다.

그런데 주변 사람들로부터 "엄지공주 아기는 잘 크고 있나?" "애 보는 게 보통 일이 아닌데, 누가 도와주나?" "아기는 확실히 엄마 병을 물려받지 않은 거지?"라는 질문을 계속 받으면서, '엄지공주의 육아 스토리를 만들어야 하는 거 아닌가'라는 생각을 하게 됐다. 일부 동료들은 "세 번씩이나 방송하는 건 조금 심하지 않나?" "새롭게 방송할 내용이 있어?"라는 걱정을 전해줬다. 늘 새로운 아이템을 찾아다니는, 그래서 이미 한 번 다룬 사연은 진부하게 간주하는 방송의 풍토 때문일 것이다.

나 역시도 그런 이유로 포기할까 몇 차례 고민했지만, 후속 사연을 많은 사람들이 궁금해한다면 방송으로 '애프터서비스'하는 것이 맞다는 결론을 내렸다. 결국 극적인 스토리는 없었지만, 엄지공주 부부의 소소한 육아 일상을 담은 '엄지공주, 엄마가 되고 싶어요 3'은 2006년에서 2009년까지 방송된 〈휴먼다큐 사랑〉 열여덟 편 중 가장 높은 시청률인 15퍼센트를 기록했다(앙코르 편으로는 '풀빵엄마'가 17퍼센트를 기록하기도 했다).

2006년 12월, 내가 그들 부부를 처음 만났을 때, 선아씨와 희철 씨는 결혼 오 년차에 접어들고 있었다. 보통의 경우라면, 자녀 한 명 쯤은 두었을 상황. 하지만 두 사람에게는 아직 아이가 없었다. 경제적으로 안정된 후에 아이를 낳겠다거나 두 사람만의 신혼을 오래 즐기겠다거나 하는 이유는 아니었다. 오히려 두 사람은 누구보다 간절하게 아이를 원하고 있었다.

쉽게 아이를 갖지 못하는 이유는 아내 선아씨에게 있었다. 그녀의 키는 120센티미터. 그녀가 앓고 있는 선천성 골형성부전증은 뼈가 달걀껍데기처럼 쉽게 부서지는 희귀질환이다. 돌이 되기 전부터 문을 닫는 소리에 놀라 뼈가 부러지기도 했고, 책상에 살짝만 부딪혀도 다리가 골절됐다. 사춘기가 되기까지 뼈가 부러진 횟수만 육십 번이 넘었고, 그 탓에 키도 제대로 크지 못했다. 그런 그녀가 임신을 하게 되면 뼈에 어떤 무리가 갈지 모르는 일이었고, 그것은 생명의 위험을 초래할 수도 있었다.

하지만 아이를 꺼린 더 큰 이유는 따로 있었다. 골형성부전증이 유전될 확률이 무려 50퍼센트. 아이에게 자기가 겪은 고통을 대물림할 수는 없다는 생각에 선아씨는 임신을 주저하고 있었다. 누구보다 간절히 바라지만 바로 그 간절함 때문에 두 사람은 더욱 용기를 낼 수 없었다. 그런데 어느 날, 희소식이 전해졌다. 산전産前 유전자 검사를 통해 골형성부전증이 없는 아이를 임신할 수 있는 길이 열린 것이다. 삼만여 개의 유전자를 검사해 질환의 원인이 되는 돌연변이 유전자를 찾아내고, 그 돌연변이가 없는 수정란으로 시험관아기를 시도하는 방식이었다. 비록 국내에서 성공한 경우는 단 한 번에 불과했지만, 두 사람은 도전을 결심했다.

선아씨는 다큐가 방송되기 이전부터 '엄지공주'라는 별명으로 알려진 유명인이었다. 대학시절, 인터넷방송 디제이로 인기를 끌었고 이후 KBS 라디오에서 자신의 이름을 걸고 프로그램을 진행하기도 했다. 희철씨는 인터넷방송 시절부터 그녀의 골수팬이었다. 이어폰을 통해 듣는 그녀의 목소리는 언제나 맑았고 멘트 하나하나에 재치가 넘쳤다. 얼굴조차 모르는 사람이지만 마치 무엇인가에 홀린 사람처럼 그녀에게 빠져들었다. 그렇게 몇 달을 끙끙대다가 결국 용기를 내어 데이트를 신청했다.

선아씨는 쉽사리 만남을 허락하지 않았다. 쑥스러워서 그런가, 라는 생각에 계속 한 번만 만나달라고 졸랐다. 열 번 찍어서 안 넘어가는 나무 없다고, 마침내 그녀도 허락했다. 그런데 한 가지 조건이 있었다. 몸이 아픈 자신을 보고 놀라지 말라는 것. 그저 건강이 안 좋은 정도로만 생각했던 그는 처음 그녀를 봤을 때 당혹감을 감출 수 없었다. 휠체어를 탄 그녀의 체구는 마치 어린아이처럼 작고 가녀렸다. 어떻게 인사를 건네야 할지, 혹시 놀라는 표정이 상처가 되진 않았는지 생각들이 뒤엉켜 말문이 막혔다. 하지만 그것도 잠시, 시간이 흐를수록 희철씨는 예쁘고 애교가 많은 선아씨에게서 눈을 뗄 수 없었다.

그날부터 장거리 데이트가 시작됐다. 그는 주말마다 강릉에서 대전까지 그녀를 만나기 위해 달려갔다. 그리고 삼 개월 후 그는 그녀에게 정식으로 청혼했다. 선아씨는 그때의 기분을 "믿을 수 없었다"는 말로 표현했다.

"사람의 분류를 남자, 여자, 장애인, 이렇게 생각했어요. 세상에, 그랬는데 저한테 예쁘다고 해주고 사랑스럽다고 그러고 사랑한다고 그러고 결혼하자고 프러포즈도 해주고. 아, 나도 여자구나. 나도 한 남자에게 사랑받을 수 있는 존재구나. 처음 느꼈어요, 그런 기분. 지금은 제2의 인생을 사는 기분이에요."

하지만 세상은 그들의 사랑을 인정하지 않았다. 심지어 선아씨의 부모님조차 결국 그가 딸에게 상처만 주고 떠날 것이라며 극렬히 반대했다. 서운하지는 않았다. 어른들 입장에서는 당연한 걱정이었기 때문이다. 선아씨가 아기였을 때부터 뼈가 부러질 때마다 들쳐업고 병원으로 뛰어가는 일이 수십 번이었고, 그녀가 성인이 된 이후에도 옆에서 보살펴야 하는 순간들이 많았다. 지금이야 사랑에 눈이 멀어 그런 일들이 별것 아닌 것 같겠지만, 막상 생활이 됐을 때 그가 느낄 고충과 부담이 염려될 수밖에. 혹시 그가 지쳐 떠나기라도 하면 남겨진 딸은 몸의 장애도 모자라 마음의 병까지 얻을 수 있는 일이었다. 반대가 당연했다.

끝내 부모님의 허락을 받지 못한 채, 살림을 차렸다. 주변의 축복은 받지 못했지만 가장 사랑하는 사람이 곁에 있으니 그걸로 충분히 행복했다. 그들은 알았던 것이다.

삶의 행복은 내가 사랑하는 사람이 나를 사랑해주는 것같이, 사소한 기적들에서 꽃핀다는 사실을.

모두가 등을 돌려도 내가 믿고 의지하는 단 한 사람, 그만 내 편이 돼준다면 인생이 그리 불행하지는 않다는 사실을 말이다.

그 믿음 하나로 삼 년 동안 변함없이 서로를 사랑하고 의지했다. 그리고 2005년, 마침내 두 사람의 진심을 알게 된 부모님들은 결국 마음을 열었다. 두 사람은 결혼한 지 삼 년 만에 양가 어른들의 축복과 성원 속에 결혼식을 올릴 수 있었다.

선아씨는 어른들의 허락이라는 큰 산을 넘고 나자, 또다른 꿈이 생겼다고 털어놓았다.

"내가 결혼할 수 있을까? 그게 첫번째 의문이었는데 결혼했잖아요. 그런데 내가 이제 엄마라는…… 또 그런 타이틀을 가질 수 있을까, 그런 것도 궁금해요. 모르겠어요. 아직 닥치지 않아서 실감은 안 나지만 간절한 건 확실한 거 같아요."

아이를 낳기로 결심한 후, 두 사람은 꽤나 복잡하고 어려운 과정을 거쳐야 했다. 특히 선아씨가 겪어야 하는 고통이 생각보다 컸다. 폐기능 검사, 심장 진단 등, 작은 체구의 그녀가 만삭까지 임신을 감당할 수 있는지가 종합적으로 판단됐다. 피를 뽑고 엑스레이를 찍는 단순한 검사조차도 그녀에게는 참기 힘든 고통이었다. 간신히 아픔을 참아내던 그녀가 결국 신음을 토해냈다.

"아……"

검사하는 것만으로도 이렇게 아파하는데, 과연 아이를 가질 수 있을까. 지켜보는 나도 걱정과 안타까움이 밀려왔다. 다행히 검사결과는 긍정적이었다. 골형성부전증을 유발하는 돌연변이 유전자도 찾아냈고 자궁도 건강하다는 판정이 내려졌다.

임신에 청신호가 켜진 그날, 희철씨와 선아씨는 아이에게 줄 첫 번째 선물로 신발을 구입했다. 아이를 가질 수 있다는 사실만으로도 이미 아이를 가진 듯한 그들이었다.

그 후 열흘 동안 선아씨에게 배란을 촉진하는 주사가 투여됐고 시험관아기를 위한 본격적인 시술이 시작됐다.

어려서부터 몸 곳곳의 뼈를 조각내고 잇는 대수술을 몇 번이고 받아온 선아씨. 그녀가 이번에는 엄마가 되기 위해 다시는 오르고 싶지 않았던 수술대 위에 자진해서 누웠다. 그런데 난자 채취가 끝난 후, 그녀가 통증을 호소했다. 어지럼증과 복통을 호소하더니 급기야 구토까지 했다. 의료진은 혈압이 떨어지면서 일시적으로 생길 수 있는 증상이라고 설명했지만 희철씨는 발을 동동 구르며 마음을 놓지 못했다. 워낙 약한 아내이기에 작은 일에도 크게 걱정할 수밖에 없는 모양이었다.

"이런 생각은 하면 안 되지만…… 진짜 이렇게까지 내 아내를 고생시켜가면서 시험관아기를 준비해야 되는 것인가, 그런 생각을 했어요. 물론, 내가 이제 태어날 아기를 앞에 두고 이런 마음을 가지면 안 되겠죠. 그래도 아직은 태어나지 않은 아기보다는 옆에 있는 내 아내가 더 소중하고 사랑스러운 것 같은데……"

며칠 후, 두 사람과 다시 병원에 갔다. 예정대로라면 건강한 수정란을 찾아 이식이 진행될 차례였다. 걱정과 기대가 뒤섞여 설렘이란 감정으로 뭉쳐진 듯, 진료실로 들어서기 직전까지 두 사람은 이야기꽃을 피웠다.

그런데 주치의가 쉽게 말문을 열지 못했다. 심상치 않은 분위기. 두 사람의 입도 순식간에 굳게 다물어졌다. 긴장감이 팽배한 정적이 몇 분 동안 이어지고 의사가 어렵게 입을 열었다.

"지금 상황은 그렇게 좋은 편은 아니거든요. 우선 전에도 말씀 드렸지만 체격이 작기 때문에 난소가 많이 퍼진 상황에서 합병증들이 다른 사람들보다 좀 심하게 발생할 수가 있어요. 난소과자극증후

군 때문에 사이즈도 커지고, 그것 때문에 배도 아프고요."

"예."

"거기서 복수가 차게 되고 그렇게 되면…… 체격이 작은데다가…… 이대로 진행하기는 좀 힘들 것 같아요."

삼 개월간의 노력이 수포로 돌아갔다. 난소가 원래 크기로 가라앉을 때까지 기다려야 수정란 이식이 가능한데, 한 달 이상은 걸린다고 했다. 선아씨는 깊이 낙담한 듯했다. 사랑하는 사람과 결혼하고 그와 닮은 아이를 낳고, 그 평범한 일상이 왜 자신에게는 허락되지 않는 것인지……

하지만 선아씨는 생각보다 강한 사람이었다. 약한 몸을 타고난 대신 단단한 마음을 가지고 있는 사람이었다. 그녀는 씩씩하게 한 달을 기다렸고 마침내 시험관아기 시술이 재개됐다. 이번엔 성공이었다. 이제 일주일 안에 수정란들이 착상되기만 하면 그토록 바라던 임신이었다.

두 사람의 기쁨은 이루 말할 수 없었다. 벌써 임신이라도 된 듯, 흥분하는 모습에 괜히 나까지 입가에 미소가 번졌다. 아직 아이가 들어서지도 않은 선아씨의 배를 사랑스럽게 쓰다듬으며 농담이 오갔다.

"우리 아기, 여기 들어 있어?"

"그런가봐."

"그럼 태명을 짓자!"

"튼튼이 어때? 튼튼아, 이렇게 해봐. 우리 튼튼이 여기 있잖아. 이름 불러봐."

임신이 되지 않을지도 모른다. 두 사람도 그 사실을 모르지 않았다. 다만 믿고 싶었을 뿐이다. 열렬히 원했을 뿐이다. 정말로 튼튼이가 선아씨 배 속에 있다고 굳게 믿으면, 아이를 갖게 되지 않을까 하는 희망을 품었던 것이다. 그 마음이 갸륵해서라도 아이가 들어와주지 않을까, 바랐던 것이다.

그날부터 선아씨는 소리내어 태교동화도 읽고, 십자수로 아기용품도 만들며 튼튼이를 위한 준비를 시작했다. 한편으로는 불안한 마음이 스멀스멀 밀려오기도 했다. 혹시나 나중에 아이가 엄마를 부끄러워하면 어떻게 하지, 라는 걱정이었다.

"마트라든지 길을 가다보면 아이들이 절 너무나 신기해하고 이상하게 생각했거든요. 다리 없는 아줌마, 뭐 얼굴은 어른인데 다리 아기야. 이런…… 아이가 나중에 엄마를 창피해하면 어떻게 하나. 아이가 엄마를 피하고…… 그래서 내 위치를, 방송인으로서 입지를 더 다져놓으면 부끄러워하지 않을 거 같고, 조금은 엄마를 자랑스러워하지 않을까 그런 생각에…… 그런 욕심이 조금 있었던 거 같아요."

걱정과 우려가 산처럼 쌓여 있었지만, 아이를 만나고 싶다는 간절함이 모든 감정을 앞섰다. 선아씨에게 아이는 희철씨와의 사랑에 대한 징표였고, 자신도 평범한 여자일 수 있다는 증거였다.

드디어 착상 여부를 확인하는 날. 임신 여부를 확인하는 가장 빠른 방법은 혈액검사였다. 검사결과가 나오기를 기다리는 동안, 희철씨와 선아씨는 초조함을 감추지 못했다. 그리고 네 시간 후, 결과가 나왔다.

실패였다. 임신은 되지 않았다.

지난 며칠, 부모가 될 준비로 들떠 있던 두 사람의 실망은 말로 표현할 수 없었다. 어떤 말로 그들을 위로할 수 있을까. 차마 다가서지 못하고 멀찍이서 지켜보고 있던 나와 달리, 간호사가 두 사람에게 다가섰다.

"안 괜찮으시죠? 왜 괜찮은 척하세요? 꼭 내가 임신이 안 된 거 같아요. 너무 막……"

오 개월 동안 두 사람의 노력을 지켜봐왔던 그녀는 마치 자신의 일처럼 안타까워했다. 그런 그녀의 다독임에 선아씨가 속내를 토해냈다.

"그럼, 그렇지. 내가……"

그 짧은 한마디에 가슴이 무너져내리는 듯했다. 그녀의 고단했던 일생과 피곤한 삶에 찾아왔던 행복, 순간의 기대와 희망, 그리고 마침내 찾아온 절망이 응축된 한마디는 듣는 내게도 무거웠고 힘겨웠다. 눈물은 초라해 보인다고 좀처럼 울지 않던 그녀가 결국 서러운 울음을 터뜨렸다. 한번 터진 울음은 좀처럼 그치지 않았다.

〈휴먼다큐 사랑〉 '엄지공주, 엄마가 되고 싶어요 1'이 담은 이야기는 여기까지였다. 두 사람은 부모가 되지 못했고 방송은 두 사람이 아이를 얼마나 원하는지를 깨닫게 되는 계기까지만 보여줄 수 있었다.

방송이 끝난 후 선아씨는 아이를 위해 더 오래 기다릴 준비가 됐다고 말했지만, 사실 나는 그녀가 또다시 지독한 시련의 과정을 시도할 수 있을까, 라는 의구심을 지우지 못했다. 매일 주사를 맞아야 하고 검사결과에 따라 천당과 지옥을 왔다갔다할 정도로 감정의 기복이 심할 수밖에 없는 과정인데, 그녀가 견뎌낼 수 있을지 걱정스러웠던 탓이다.

그런데 방송 몇 달 후, 선아씨에게 전화 한 통이 걸려왔다. 두번째 시험관 시술이 성공해 임신을 했다는 소식이었다. 그녀는 내가 생각했던 것보다 훨씬 강한 사람이었던 것이다. 그렇게 그녀가 임신 후 힘겨운 출산을 하기까지의 전 과정을 다시 카메라에 담았고, 2008년 〈MBC스페셜〉 '엄지공주, 엄마가 되고 싶어요 2'를 통해 방송했다. 갈비뼈를 치고 올라오기도 하는 태아를 선아씨의 몸 안에 열 달 동안 간직하고 있는 일 자체가 참 힘든 과정이었지만, 그녀는 잘 견뎌냈고 마침내 엄마가 됐다.

신이 아이를 낳는 고통을 준 것은, 고통을 통해 얻은 사랑이 더 뜨겁고 강하기 때문이라고 한다. 선아씨는 자신의 장애가 아이에게 해가 되진 않을까, 마음의 짐을 지워주게 되진 않을까, 염려했지만 나는 믿었다.

누구보다 더 큰 고통을 감내하고 견뎌낸 그녀이기에 아이에게 누구보다 더 큰 사랑을 줄 수 있을 거라고. 그 사랑으로 앞으로 닥칠 많은 역경도 이겨낼 수 있을 거라고. 신체적 한계를 뜨거운 가슴으로 극복해낸 그녀이기에 그녀의 사랑은 무엇보다 힘이 셀 거라고, 나는 믿었고 기도했다.

2009년 〈휴먼다큐 사랑〉 '엄지공주, 엄마가 되고 싶어요 3'은 정말 흐뭇하게 촬영했다. 아들 승준이의 깨끗하고 해맑은 모습은 촬영 스태프의 입가에 연신 웃음이 매달리게 했다.

승준이가 혼자 섰을 때, "엄마, 엄마"를 발음했을 때, 스태프 모두 승준이의 아빠, 엄마가 돼 박수치고 환호했다. 그 천사 같은 승준이를 마음껏 안아주지 못해 좌절하는 선아씨의 모습에 함께 가슴 아파했던 것은 물론이다.

'엄지공주, 엄마가 되고 싶어요' 3부작은 이 땅의 모든 엄마, 아빠에게 근사한 선물이 됐을 것이다. 아이를 키워봤던, 혹은 키우고 있는 사람이라면 모두가 고개 끄덕이며 '부모의 마음'을 어루만지게 됐을 것이다.

그 부모의 마음은 틀림없는 사랑, 이다.

그들은 알았던 것이다.
삶의 행복은 내가 사랑하는 사람이
나를 사랑해주는 것같이
사소한 기적들에서 꽃핀다는 사실을.
모두가 등을 돌려도 내가 믿고 의지하는 단 한 사람,
그만 내 편이 돼준다면
인생이 그리 불행하지는 않다는 사실을 말이다.
.
.

바보 같은
사랑

　사랑이라는 단어 하나가 담고 있는 의미의 조각들은 그 숫자를 헤아릴 수 없을 만큼 많고 다양하다. 자식을 향한 부모의 무조건적인 헌신, 오래 곁에 두고 사귄 벗에 대한 믿음, 이성에 대한 설레고 두근거리는 마음 등 대상도, 감정의 모양도 제각각인 그 모든 것이 사랑이라는 단어 하나에 담긴다. 그래서 사랑은 가장 특별한 감정인 동시에 가장 보편적인 정서이기도 하다. 그것을 겪는 사람에게는 자기 삶에 의미를 더하는 값진 경험이지만, 곁에서 지켜보는 사람에게는 누구나 앓는 감기처럼 특별할 것 없는 일이기도 하다.
　마흔네 살의 노영창씨가 만들어가는 사랑 역시 그러했다. 다른 이들에게는 별다를 것 없는 일상적인 일들이, 그에게는 생애 가장 행복한 시간이 됐다. 오직 그의 신부 응웬 티 티엔씨 덕분에……

2011년 2월 〈시추에이션 휴먼다큐 그날〉을 통해 베트남 새댁 티엔씨가 엄마가 되던 날을 다뤘다. 아직 우리 사회에는 다문화 가정에 대한 곱지 않은 시선이 분명하게 남아 있지만, 이제는 엄연한 현실로 인정하고 그들을 우리의 이웃으로 넉넉하게 받아들일 수 있는 열린 마음이 필요하다고 생각하고 있었다. 그래서 티엔씨의 사연을 접했을 때 꼭 방송으로 담아야겠다고 마음먹었다. 특히 그녀가 무척 사랑스런 외모와 성격의 소유자여서 방송을 볼 모든 사람들이 다문화 가정에 대해 좀더 친근한 감정을 느끼게 할 적임자라는 판단이 들었다.

우리가 찾아갔을 때, 한국으로 시집온 지 일 년이 돼가는 스물네 살의 티엔씨는 출산을 앞두고 있었다. 자신보다 무려 스무 살이나 많은 남편과 여든한 살의 노모를 모시고 사는 밝고 씩씩한 새댁. 그녀는 곁에 있는 사람을 행복하게 만들 줄 아는 건강하고 예쁜 사람이었다.

주인공은 티엔씨였지만 사실 내 마음의 추는 그녀의 남편 노영창씨에게 좀더 기울었다. 첫 대면에서부터 직감했다. 그가 우리와는 '조금 많이' 다른 사람이라는 것을. 그는 우리보다 조금 많이 착한 사람이었다. 또 그는 우리보다 조금 많이 내성적인 사람이었다. 다른 사람들과 시선 마주치는 것을 힘들어하고, 말을 섞는 것조차 버거워할 만큼 대인관계에 어려움이 있었다. 그 때문이었을까. 이십 년 이상을 오로지 막노동과 이삿짐 나르는 일만 해온 그였다. 함께 일하는 동료들은 그를 두고 '바보같이 착한 사람'이라고 표현하기도 했다.

"아무리 힘들어도 시키면 다 해요. 그냥 군말 없이…… 힘들다는 말도 없고. 저희는 술 자주 하는데 영창씨는 술도 안 먹고, 일하러만 왔다가 집에 들어가고, 그것밖에 없어요."

역시나 영창씨는 우리에게도 쉽사리 마음을 열지 못했다. 스태프와 눈도 마주치지 않고 말을 걸라치면 자리를 피하기 일쑤였다. 결국 내가 나섰다.

"형님, 우리 담배나 한 대 태우시죠." "형님, 좀 웃어주세요." "아, 형님~ 안 들려요, 큰 소리로~"

어울리지 않는 너스레를 떨며 그에게 부담 없이 다가가고자 노력했다. 사실 이런 내 모습에 나도 의아할 때가 많다. 평소에는 내성적이고 사교성이 없는데, 이상하게 촬영장만 가면 180도 다른 내가 튀어나온다. 직업적 본능인지 아니면 내 안에 나도 모르는 내가 있는 것인지, 잘 모르겠다. 어쨌거나 그 순간에는 어떤 계산이나 의도 없이 자연스럽게 친화력이 발휘되곤 한다. 한 선배는 그런 나를 두고, 출연자에 대한 애틋한 마음이 있어서 가능한 일이라고 했다.

어쩌면 내 스스로가 상처가 많은 사람이기 때문이라는 생각도 든다. 부끄러운 고백이지만 나는 콤플렉스가 굉장히 많은 사람이다. 늘 스스로가 부족하다고 느끼고 만족하지 못하며 움츠러드는 경향이 있다. 그래서일까. 눈치도 많이 보는 편이다. 다른 사람들의 시선이 부담스러울 때가 많고, 그래서 더 많이 촉각을 곤두세우게 되는 것 같다. 상대의 시선, 표정 등이 무엇을 겨냥한 것인지를 굉장히 예민하게 받아들인다. 지금은 많이 좋아졌지만, 예전에는 여러 사람이 모인 자리에서 한 사람의 표정이 좋지 않으면, 혹시 내가 무의식중에 말실수를 한 건 아닌지 나의 어떤 태도가 그의 신경을 거슬리게 한 건 아닌지 전전긍긍하기도 했다.

이런 성격이 참 싫고 불편했다. 스스로에게 자신이 부족하다보니 일 앞에서 뒤로 물러서는 경우가 적지 않았고, 일일이 주변의 반응이나 생각에 신경쓰다보면 마음이 쉬이 피곤해지곤 했다. 다른 사람들에게 상처주지 않고 피해입히지 않으려고 노력하다, 정작 나 자신에게 상처를 내고 있는 셈이었다.

그런데 피디를 하게 되면서, 지긋지긋했던 내 성격이 장점으로도 작용하는 것을 보게 됐다. 주위 사람들의 말투와 표정, 행동 들에 예민하게 반응했던 습관 때문에 출연자들의 생각과 행동의 맥락을 다른 사람들보다 훨씬 빠르게 파악하고, 피디로서 대처할 수 있었다. 그리고 스스로 많은 상처를 안고 살아왔기 때문인지 출연자가 가슴속 저 한구석에 깊이 묻어둔 상처가 눈에 들어올 때가 있었다. 또 그 상처를 칼날처럼 날카롭게 건드리지 않으면서 솔직하게 꺼내 놓도록 이야기를 풀어갈 수 있었다. 아파본 사람만이 아픔을 알아보는 법인가보다. 나는 여전히 소심하고 예민한 사람이고 내가 그런 사람인 것이 속상할 때도 있지만, 그런 나라서 더 좋은 피디일 수 있다는 생각을 품기도 한다. 그런 나라서 그런 사람들과 가슴으로 대화할 수 있으니 말이다.

영창씨와의 관계에서도 그가 지닌 상처를 모두 알 수는 없지만 이해하려고 노력했다. 다행히 그도 내가 싫지 않았는지 조금씩 거리를 좁혔고 솔직한 대화를 나눌 수 있었다. 사람에 대한 두려움 때문에 마흔이 넘도록 제대로 연애 한번 하지 못한 그가 티엔씨를 만난 건 결혼정보회사의 주선으로 떠난 베트남에서였다.

"처음 봤을 때 즐겁고, 왠지 기분이 들뜨는 걸 느꼈죠. 마음이 흔들릴 정도로 끌려가는 느낌."

그는 그녀에게 한눈에 반해버렸다고 했다. 주변에서는 '사기결혼 위험성' 등을 운운하며 그를 말렸지만, 마음은 변하지 않았다. 남들이야 뭐라 하건 그는 자기 마음을 믿고 싶었다. 마음 가는 대로 움직이고 싶었다. 그렇게 만난 지 며칠 만에 가족이 된 두 사람. 티엔씨와 결혼한 후, 영창씨에게 찾아온 가장 놀라운 변화는 웃음이었다. 밖에서는 고작 한두 마디를 할까 말까 하던 그도, 집에만 들어오면 아내 앞에서 살가운 애정표현이 넘쳐났다. 아내에 대한 애정을 묻는 내 질문에도 그 마음이 솔솔 새어나왔다.

"티엔이 여기 와서 같이 살면서 언제 제일 예뻤어요?"

"항상 괜찮지."

"항상 예쁜데 제일 예뻤을 때는 언제였어요?"

"웃을 때가 예쁘지. 노래 부르고."

괜히 물었다 싶었다. 누군가를 사랑하는 데 조건이 따라붙는 경우가 어디 있겠는가. 모든 사랑은 '무조건'이라는 사실을, 이런저런 전제 없이 그저 좋아서 좋은 것일 뿐임을 알면서 '언제, 어디가' 같은 질문을 구태여 던질 필요는 없었는데 말이다.

영창씨가 새벽 4시에 집을 나서 하루종일 온몸을 움직여 일한 대가는 6만원. 그중에서 아내가 좋아하는 딸기 한 바구니를 사고 남은 돈을 고스란히 아내의 손에 쥐여주며 미소를 짓는 영창씨. 사랑하는구나, 라고 생각했다. 굳이 그가 입 밖으로 꺼내지 않아도 그의 표정, 그의 몸짓이 그 마음을 고스란히 드러내고 있었다.

사랑이 때론 기적이란 이름으로 불리기도 하는 이유를 알 것만 같았다. 누군가의 삶을 180도 완전히 바꿔놓고, 불행할 것만 같던 누군가에게 행복이란 감정을 알게 해주면, 그게 바로 사랑의 기적이 아닐까.

티엔씨 역시 진심으로 영창씨를 사랑하고 있었다. 그가 일반인의 잣대로는 다소 모자라고 부족한 사람이라는 사실을 그녀도 모르는 바 아니었다. 하지만 다른 사람에게는 어떨지 몰라도 그녀에게는 최고의 남편이었다. 그가 그녀에게 쏟는 정성만으로도 충분히 그러했다. 때론 누군가를 사랑하는 이유가, 그가 나를 사랑하기 때문이 되기도 한다. 그것은 결코 이기적이거나 계산적인 마음이어서가 아니다. 사람에게는 누구나 몇 가지쯤 흠이란 게 있기 마련이다. 그런 흠을 지닌 나를 아무런 보상을 바라지 않고 사랑해준다는 것, 아껴준다는 것, 그것만으로도 상대를 사랑할 이유는 충분하지 않은가. 영창씨의 우직함이 티엔씨에게는 가장의 성실함이었고, 그의 어눌한 심성이 그녀에게는 배반하지 않을 순수함이었으리라.

"남편은 동안에다 잘생겼고 착해요. 영창씨를 보면 한국 남자들은 대부분 가족들을 위해서 열심히 사는 것 같아요. 그리고 아내를 많이 사랑해주고요."

영창씨에 대한 사랑은 그의 노모, 그러니까 그녀의 시어머니에게로까지 이어졌다. 팔순의 노모는 청력이 좋지 않은데다 천식에, 초기 치매증상까지 있었다. 보통의 며느리라면 피하고 싶은 시어머니 수발이겠지만, 티엔씨는 마치 딸처럼 살갑게 굴며 어머니를 극진히 보살폈다. 누군가를 사랑한다는 것은 그런 것이리라. 당사자뿐 아니라 그와 관계된 사람들, 그를 둘러싼 환경까지 인정하고 이해하고 받아들이는 것.

　영창씨와 티엔씨는 우리 사회에서 소위 '주류'라고 불리는 사람들은 아니다. 우리 사회의 중심에서 벗어난, 언저리에 위치한 비주류, 소수자에 가까운 사람들이다. 그렇다고 해서 그들의 사랑 역시 비주류는 아니다. 그들 역시 서로가 서로에게 기대어 한걸음 한걸음 걸어가는 보통의 사랑을 하고 있었다.

　아니, 어떤 의미에서 그들의 사랑은 비주류인지도 모르겠다. 사랑이라는 명목 아래 많은 것을 요구하는 요즘 세상에서, 줬으면 받아야 한다는 원초적 경제논리를 대입시키는 세속적인 사랑이 팽배한 것이 현실인데, 그들은 오직 마음과 마음이 오가는 사랑을 하고 있으니 말이다. 두 사람의 바보 같은 사랑은 그래서 걱정스러우면서 그래서 안심이 됐다. 살다보면 색안경을 낀 어떤 이들과 세상이 만들어놓은 기준 앞에서 무너져내리거나 아파할 날이 올 수도 있겠지만, 그때도 그들은 그렇게 바보처럼 서로만을 믿고 의지하며 헤쳐나갈 수 있을 테니 말이다.

　2011년 1월 27일, 영창씨와 티엔씨는 드디어 예쁜 딸을 출산했다. 그리 길지 않은 진통의 시간 동안, 평소 표정의 변화가 거의 없는 영창씨는 실로 변화무쌍한 표정들을 보여줬다. 부모가 된다는 사실의 설렘이 만들어낸 변화였다.

그들이 부모가 된 그날, 감격스러운 순간에 함께 기뻐하면서도 한줄기 불안한 생각이 내 머리를 스쳤다. 나중에 아이가 커서, 자신의 부모가 다른 친구들의 부모와는 조금 다르다는 사실을 어떻게 받아들일까. 피부색이 다른 엄마와 지독하게 내성적인 아빠를 아이가 부끄러워한다면 어떻게 하지……

가장 순수한 기쁨의 원형과 직면한 순간, 어쩔 수 없이 현실적인 걱정이 뒤따른 것은, 그 순간이 그만큼 아름다웠고 그래서 오래 지속되길 바라는 마음 때문이었던 것 같다. 그만큼 영창씨와 티엔씨의 그날은 눈부시게 아름다웠다. 새로운 희망과 기대로 부풀어 있는 날이었기 때문이다.

가장 진실한 사람의 모습

한국 사회에서 중년의 개인병원 의사는 평균적으로 그려지는 모습이 있다. 검은색의 중형차와 넓은 평수의 아파트, 그리고 여유로운 표정과 말투.

그런데 나는 중년의 한 개인병원 의사가 열 평 남짓한 오피스텔에 살고 있는 모습을 봤다. 게다가 각양각색의 라면과 통조림 들이 그의 오래된 벗인 양 집 안을 꽉 채우고 있었다. 그럼에도 그는 그런 생활을 부끄럽거나 불편하게 생각하지 않고 있었다. 그 중년의 의사 이름은 '진호 아빠'다. 자폐아 김진호씨의 아빠로 사는 삶이 그를 이처럼 궁색하게 만들었다. 진호씨를 수영선수로 키우기 위해 엄마와 아빠는 발 벗고 나섰고, 그 때문에 아빠는 가족과 떨어져 살아야 했고, 자신이 버는 돈의 대부분을 거기에 쏟아부었다. 오로지 '아빠의 이름으로' 이 모든 일들을 운명처럼 받아들이는 그의 모습을 나는 찡한 마음으로 바라볼 수밖에 없었다. 희생과 헌신의 또다른 이름, '진호 아빠'와 '진호 엄마'다.

진호씨는 네 살 때 자폐 판정을 받았다. 어떤 부모라도 그러하듯, 진호씨의 부모님은 아이를 고치기 위해 온갖 방법을 총동원했다. 사 년을 빠짐없이 하루에도 몇 군데씩 돌아다니며 좋다는 교육은 모조리 받게 했고, 효과가 뛰어나다고 소문난 교재는 전부 구입했다. 포기하지 않으면, 계속 애를 쓰면 어떻게든 될 것이라고 믿었다. 하지만 막연한 기대는 모두 수포로 돌아갔다. 다른 아이들에게는 도움이 됐다는 방법도 진호씨에게는 무용지물이었다.

아홉 살에야 입학한 초등학교를 단 사십 일 만에 그만둬야 했다. 배운 것보다 배워야 할 것이 많은 아이들의 무지는 때론 상상 못할 만큼의 잔혹성을 발휘한다. '다른 것'이지 '틀린 것'이 아니라는 사실, 간혹 어른들조차 잊곤 하는 이 사실을 아이들은 알지 못했다. 진호씨는 같은 반 친구들에게 혹독한 따돌림을 당했다. 쉬는 시간이면 화장실로 끌려가서 사정없이 맞기도 했다. 밟히고 짓이겨지는 고통보다 괴로웠던 것은 진호씨를 향한 악의에 찬 말들. 아이들은 그에게 "너 때문에 못 살겠다. 제발 좀 없어지라"고 소리쳤다.

담임선생님을 통해 정황을 알게 된 진호씨의 어머니는 그날로 아이를 집에 데려왔다. 보통 아이처럼 키우고 싶다는 바람으로 일반 학교에 보낸 것이 과욕이었다는 생각에 그녀는 가슴이 저려왔다. 때린 아이들보다 자신이 더 미웠다. 자신이 부린 욕심의 대가를 아이가 대신 치렀다는 생각에 한없이 미안했다. 지금도 그때 생각을 하면, 마음이 욱신거린다고 했다. 그날의 기억을 떠올리며 그녀는 눈물을 보였다.

"어쩌면 저는 평생 그 부분에 대해서는 진호에게 속죄하는 마음으로 살아야 될 것 같아요. 진호에게 평생 갚아야 할 마음의 빚이에요."

어릴 때 받은 상처는, 머리는 잊어도 가슴이 잊지 못한다고 한다. 시간이 흐르고 다양한 경험을 마주하면서 과거의 기억은 희미해지지만, 그 기억이 남긴 상처는 가슴에 새겨져 삶의 순간순간 불현듯 고개를 내밀곤 한다. 트라우마라 불리기도 하고, 멍에라고 불리기도 하는 것. 그런데 진호씨는 물리적인 나이가 들어도 정신적인 나이는 계속 일곱 살에 머무는 사람. 아무리 나이를 먹어도 그 상처에 대한 기억이 생생할까봐, 우려와 걱정이 뒤범벅돼 결국 눈물로 흐르고 만 것이다.

아이가 자폐라는 사실을 안 후, 그리고 갖은 노력에도 고칠 수 없다는 현실을 받아들인 후, 진호씨의 부모님은 자폐아라는 사실은 인정하되 보통 아이처럼 키우겠다고 결심했다. 하지만 온몸에 멍이 든 아이를 부둥켜안고 집으로 돌아오는 길에 비로소 깨달았다. 진호를 자폐아도 보통 아이도 아닌, 그냥 진호로 대해야 한다는 것을. 비장애인으로 대접받아야 행복할 수 있다는 생각은 어디까지나 자신들의 편협한 관점일 뿐, 진호씨에게는 그 나름의 세상이 펼쳐질 수 있다는 것을 말이다.

사실 진호씨 어머니는 한동안 아들을 받아들이지 못했었다. 자폐아의 엄마라는 것이 너무나 부끄럽고 수치스러웠다. '엄마에게 무슨 문제가 있어 아이가 그리된 것 아니냐'는 환청이 귓속을 맴돌았다. 아들이 미웠다. 내 아이가 아니었으면 좋겠다는 생각도 했다. 그런 그녀의 고백에 모성이 부족하다는 힐난이 쏟아질지도 모른다. 하지만 누가 그녀를 탓할 수 있을까.

누구나 살면서 한 번쯤, 아니 꽤나 여러 번 예측하지 못한 인생의 시련 앞에서, 흔들리고 넘어지고 주저앉기 마련이다. 그리고 흔들렸다가도 제자리를 찾고, 넘어졌다가도 다시 일어서면서 한걸음 한걸음 나아가는 것이 인생이다.

진호씨 어머니에게는 아이에게 내려진 자폐 판정이 그러한 시련이었을 뿐이고, 그녀는 시련을 딛고 일어섰다. 아들의 눈높이로 세상을 보겠다고 결심했고, '유현경'이라는 이름 대신 '진호 엄마'라는 이름으로 살기 시작했다.

얼마 후 진호씨는 특수학교에 입학했다. 평범하지 않은, 평범한 생활들이 이어졌다. 아이큐 47, 일곱 살 정도의 지적 능력을 가진 진호씨는 아주 느리게 한글을 배웠고 숫자를 익혔다. 일반인의 세상에서는 평범하지 않은 속도지만 진호씨의 세상에서는 그것이 평범했다. 그런데 얼마 후 그의 세상에서도 평범하지 않은 일이 벌어졌다.

진호씨의 특별한 재능을 발견한 것은 우연한 기회였다. 초등학교 5학년이 될 무렵, 사회성을 길러보고자 학교 수영부에 들어간 것이 계기였다. 진호씨는 수영을 시작하고 일 년 만에 학교대표로 각종 대회를 휩쓸었다. 모두가 그의 천재성에 입을 다물지 못했다. 중학교 때는 장애인 국가대표 수영선수가 됐고, 2002년 부산 아시아태평양장애인경기대회에서는 무려 네 개의 메달을 차지하는 놀라운 쾌거를 거뒀다.

진호씨에게 새로운 세상이 열린 순간이었다.

금메달을 걸고 학교로 돌아온 진호씨에게 친구들은 경계의 눈초리가 아닌 호감의 시선으로 다가왔고, 어설프게나마 대화의 물꼬가 터졌다. 자기만의 세계에 갇혀 웅크려 있던 아이가 세상과의 대화를 시작한 것이다. 이후 2005년 MBC 〈일요일 일요일 밤에〉(이하

'일밤') '진호야 사랑해'에 출연하게 되면서 더욱 놀라운 변화가 찾아왔다. TV를 통해 친근해진 진호씨는 가는 곳마다 환영의 악수와 만나게 됐고, 이제 더이상 사람들을 피하고 대중의 시선을 두려워하지 않게 됐다.

그리고 2008년, 나는 〈MBC스페셜〉 '진호야 힘을 내'를 준비하면서 스물세 살의 청년이 된 진호씨와 여전히 '진호 엄마'로 살고 있는 유현경씨를 만났다. 진호에 대해서 관심을 가지고 자료조사를 시작할 무렵 주변으로부터 여러 가지 걱정의 소리를 듣게 됐다. '자폐아는 한물간 아이템이다' '일밤에서 다뤘던 주인공을 왜 또 방송하냐' '수영선수로도 슬럼프를 겪고 있어 타이밍이 좋지 않다' 등의 이야기들이었다. 사실 자폐아 배형진씨의 실화를 바탕으로 만든 영화 〈말아톤〉과 〈일밤〉 '진호야 사랑해'가 나온 2005년도 이후로 자폐아에 대한 미디어의 관심은 현격하게 줄어든 상황이었다. 아마도 자폐아에 대한 대중의 관심이 줄어들었기 때문일 것이다.

하지만 자폐아에 대한 접근이, 단순히 대중의 관심을 충족시키기 위한 것에 머무른다면 공공재인 방송의 소임을 다하는 것이라 할 수 없다. 자폐에 대한 사회적 편견을 깨뜨리고, 장애인과 비장애인 모두가 조화롭게 어울려 사는 사회를 지향한다는 방송의 목표를 굳이 거창하게 내밀지 않더라도, 우리 사회의 다양한 분야에 존재하는 공고한 편견의 벽을 깨기 위해서는 '지속적인 방송 노출'은 숙제와도 같은 것이다. 삼 년 전 예능 프로그램인 〈일밤〉을 통해 대대적으로 내세웠던 주인공을 '새롭지 않다'는 이유로 외면하고 '용도폐기'의 딱지를 붙이는 현실에 오기가 발동했다.

또 슬럼프를 겪고 있다는 사실이 더욱 호기심을 자극했다. 한때 국민동생처럼 사랑받던 진호씨는 삼 년이 지난 지금 어떻게 변했을지에서부터 무엇이 그를 슬럼프에 빠지게 했는지에 이르기까지, 그에 대해서 알고 싶은 것이 많아졌다. 그리고 그 궁금증을 나만의 것이 아닌 시청자 모두의 것이 될 수 있도록 재미있고 감동적으로 만들자고 스스로 약속했다.

2008년 여름 부산, 진호씨는 맹훈련중이었다. 얼마 뒤 열릴 세계지적장애인수영대회 참가를 위해 어느 때보다 강도 높은 훈련이 이어졌다. 삼 년 전, 진호씨에게 금메달을 안겨준 그 대회였다. 당시 진호씨는 배영 200미터에서 세계신기록을 세웠는데, 장애인과 비장애인을 통틀어 국내 유일의 세계신기록 보유자가 됐다. 하지만 이후 삼 년간 경기성적은 내내 하강곡선을 그렸고, 해가 갈수록 기록이 좋아지기는커녕 계속 나빠지고 있었다. 그래서 이번 시합이 더욱 중요했다. 진호씨가 계속 수영을 하느냐 마느냐의 갈림길에 선 경기였기 때문이다.

고등학교를 졸업하고 특별한 소속이 없던 진호씨는 2007년부터 한 기업의 후원을 받아 나종진 코치와 개인적으로 훈련을 하고 있었다. 전용 훈련장이 없기에 일반 수영장을 사용해야 했다. 문제는 자폐아들이 새로운 환경에 쉽게 적응하지 못할뿐더러, 사람들의 시선에 굉장히 민감하다는 것이었다. 본격적인 휴가철이 시작되면서 사람들로 붐비는 수영장에서 진호씨는 좀처럼 집중하지 못했다. 하지 않는 게 아니라 할 수가 없었다. 우리가 촬영할 때도 어떻게든 연습을 강행하려는 코치와 도무지 엄두가 나지 않는 진호씨 사이에서 한바탕 실랑이가 벌어졌다.

"너 세계챔피언 아니야? 챔피언답게 해. 집중하는 거야. 네가 하는 운동에만 집중하는 거야. 네가 하는 운동만. 옆에 있는 거 신경 쓰지 마."

"……"

늘 그렇듯 진호씨는 대답을 하지 않았다.

"이 분 사십 초 동안 정확하게 한 번 한다. 몇 번?"

"아이……"

나 코치는 더욱 단호한 어조로 물었다.

"몇 번?"

"아우, 무서워. 그만해요!"

결국 그날 훈련은 소득 없이 접어야 했다. 누가 뭐래도 제일 힘든 것은 진호씨겠지만, 지켜보는 어머니의 마음도 천근만근이었다. 단지 진호씨가 예전처럼 좋은 기록이 나오지 않아서 걱정하는 것이 아니었다. 이제 아이가 수영을 그만하고 싶은데 표현이 서툴러 말하지 못하는 건 아닌지, 그렇다면 수영을 그만두게 해야 할 텐데 수영이 아니라도 사람들이 진호씨에게 관심을 보이고 마음을 열어줄지…… 이런저런 걱정이 뒤섞여 한숨만 늘어갔다.

혼자서 결정할 수 있는 문제는 아니었다. 진호씨의 판단력이 떨어진다고 해도 전적으로 그가 결정할 몫이었다. 그녀는 아들에게 직접 물어보기로 했다.

"진호야, 힘들지?"

"힘들어요."

예상은 했지만, 대뜸 힘들다는 답변에 그녀는 적잖이 당황했다.

"너무 많이 힘들면 그만할까, 우리? 수영선수 그만할까?"

"할 거예요. 할게요."

"많이 힘들면은…… 어때?"

"안 힘들어요."

힘들다는 답변 후 고작 몇십 초도 지나지 않았는데 진호씨는 금방 말을 바꿨다. 힘들지만 그만두고 싶은 마음은 없는 듯했다. 승부근성이 있어서인지, 한번 시작한 일은 끝을 보겠다는 집요함 때문인지는 모르겠으나, 어쨌든 진호씨는 수영을 좋아했고 계속하고 싶어했다. 하지만 야속한 몸이 계속 마음을 거슬렀다. 전문가가 아닌 내가 보기에도 진호씨의 몸은 무거웠고 좀처럼 속도가 나지 않았다. 슬슬 불안감이 밀려왔다. 진호씨의 땀이 밴 노력을 담아내는 것이 방송의 취지라고 해도, 극적인 결과가 나와주지 않는다면 감동은 줄어들 수밖에 없었다. 사람들은 비록 금메달은 따지 못했지만 진호씨의 노력 자체가 금메달이라는 결말에 박수는 치고 고개는 끄덕여주겠지만, 자연스럽게 밀려오는 벅찬 감동은 없을 것이다. 진호씨의 도전을 순순히 응원하지 못하는 못난 내가 또다시 발을 굴렀다.

"어머니, 진호가 몸이 많이 무겁네요."

"그래도 금메달은 딸 거예요."

"지금 연습하는 거 보니까 좀처럼 속도가 안 붙는데요. 괜찮으시겠어요?"

"딴다니까요. 저랑 내기하실래요?"

안 그래도 초조한 마음으로 훈련을 지켜보던 어머니를 자극하고 말았다. 하지만 그녀는 굳건했다. 우승을 향한 염원이 아니라 진호씨를 향한 믿음이었다. 그동안도 해왔으니 앞으로도 못 할 이유가 없었다. 잠시 불안에 휩싸였던 나 역시 그녀가 내뿜는 강력한 믿음의 에너지에 전염된 듯, 진호씨는 할 수 있을 것이라는 막연한 기대가 피어올랐다.

며칠 뒤 폴란드의 작은 도시 오스트로비예츠에서 세계지적장애인수영대회가 열렸다. 15개국에서 참가한 백여 명의 선수 가운데, 진호씨와 같은 자폐성 장애인 선수는 찾아보기 힘들었다. 일반 지적장애인에 비해 아이큐가 삼십 정도 차이가 나기에 경기력이 훨씬 뒤지기 때문이다. 그러한 열세를 그간 연습으로 극복해온 진호씨. 그런데 문제가 생겼다. 열감기에 걸린 것이다.

진호씨와 어머니가 대회장에 도착한 것은 대회 이틀 전이었다. 시차 적응도 하기 전에 새로운 환경에서 연습을 강행한 것이 결국 건강악화로 이어졌다. 어머니는 밤새 진호씨의 온몸을 주무르고 얼음 마사지를 해줬지만 다음날에도 컨디션은 최악이었다. 이대로라면 시합을 포기해야 할지도 몰랐다. 지난 일 년간의 노력이 물거품으로 돌아가겠지만, 진호씨에게는 그보다 훨씬 많은 시간들이 남아 있으니 무리할 필요는 없었다. 하지만 진호씨가 고집을 꺾지 않았다. 열이 펄펄 끓는 것도 모자라 막힌 코 때문에 호흡마저 힘겨운데도, 해보겠다는 의지를 불태웠다. 그렇다면 우리가 할 수 있는 일은 오직 응원뿐이었다. 진호씨 어머니와 나, 그리고 스태프 모두가 일시에 '김진호 선수 응원단'이 됐다.

첫번째 출전 종목은 배영 100미터. 진호씨가 세계랭킹 1위를 차지하고 있는 종목이었지만 컨디션이 컨디션인 만큼 안심할 수는 없었다.

'탕!'

출발신호가 떨어졌다. 그런데 진호씨의 출발이 늦었다. 강력한 라이벌이었던 영국 대표팀 선수가 선두를 치고 나갔다.

"킥Kick! 킥!"

물속에 있는 진호씨에게 들릴 리 없지만, 어머니는 목이 터져라 응원을 보냈다. 하지만 소용없었다. 영국 선수가 1등으로 도착했다. 진호씨는 안타깝게도 2위를 차지했다. 그날 밤 진호씨는 좀처럼 마음을 추스르지 못했다. 말하지 않았지만 그도 불안했던 모양이다. 계속 떨어지는 기록, 나날이 무거워지는 몸…… 하고 싶다고, 할 수 있다고 말했지만, 본능적인 두려움이 그를 엄습했던 것 같다. 그런 진호씨를 보며 어머니의 속도 타들어갔다. 본인이 제대로 보살피지 못한 탓이라고 자책하고 있었다.

"여기 기후조건 체크라든지 뭐 그런 것들, 체온을 보호해주지 못했던 부분들이 지금 생각하니까 다 내 잘못인 거 같아서 진호한테 미안하고. 마지막까지 최선을 다해줬으면…… 그리고 진호가 자신감을 잃지 않고 계속 자기와의 싸움에서 이겨나가줬으면, 그런 간절한 마음이에요."

다음날이 밝았다. 마침내 배영 200미터 경기가 열리는 날. 진호씨가 세계신기록을 보유하고 있는 그야말로 주 종목이었다. 이번에는 금메달은 물론, 계속 떨어지고 있는 기록 단축이 목표였다. 그런데 전날보다 더 나빠진 최악의 컨디션 때문에 기록 단축은 고사하고 금메달도 걱정해야 하는 상황이었다. 진호씨 어머니는 일단 경기 시작 전까지 진호씨의 근육을 열심히 풀어줬다. 어쩌면 출전을 포기해야 할지도 모르는 상황이었지만, 결정의 순간까지는 최선을 다해 준비하고자 했다.

그때, 아침부터 한마디도 하지 않던 진호씨가 갑자기 경기와 상관없는 엉뚱한 이야기를 꺼냈다.

"아빠가 속상해(해)요."

전날 아버지와의 통화를 떠올린 모양이었다. 자신이 아프다는 이야기에 마음 아파하는 아버지의 기분을 눈치챈 듯했고 그것이 계속 마음에 걸렸던 모양이다. 진호씨 어머니는 가슴이 뭉클해져서 어렵게 답을 이었다.

"응. 아빠는 진호가 열심히만 하면 된대. 알았지? 아빠는 진호가 아프면 속상해."

"내가 아프면 속상해요?"

"그래, 너 아프지 마. 알았지?"

진호씨가 다부지게 대답을 했다.

"네."

진호씨 어머니는 벅차오르는 가슴을 억누를 길이 없었다. 아무

것도 모른다고 여겼는데, 어느새 진호씨는 부모의 속까지 헤아릴 줄 아는 청년으로 성장해 있었다. 정신이 성장하지 못한다고 해서 마음까지 성숙하지 못하는 것은 아닌 모양이다.

하긴, 뛰어난 두뇌를 자랑하는 수많은 사람들 중에 마음까지 완성된 사람이 얼마나 있던가.

경기가 시작됐다. 이번에도 진호씨는 출발이 늦었다. 그를 열렬히 응원하면서도 마음 한편에서는 설사 진호씨가 금메달을 따지 못하더라도 실망한 기색은 보이지 말아야겠다고 다짐하고 있는 나를 발견했다. 어쩌면 질 수도 있다는 걱정을 지우지 못했던 것이다. 그때, 커다란 고함 소리가 귓가를 때렸다.

"킥! 킥! 킥!"

진호씨 어머니의 간절한 외침이었다. 정신이 번쩍 들었다. 이기고 지고의 문제는 잠시 미뤄두기로 했다. 지금은 온전히 진호씨를 응원하는 데 에너지를 쓰는 것이 옳았다. 나도 소리를 치기 시작했다. 우리의 마음이 진호씨에게 힘을 주기 바라며.

그때였다.

진호씨가 갑자기 무섭게 속도를 내기 시작했다. 그러더니 곧 선두를 추월했다. 그리고 제일 먼저 결승점에 도달했다. 진호씨는 금메달을 거머쥐었고, 지난해 자신의 기록을 일 초 이상 단축하는 데 성공했다. 삼 년간 이어졌던 기록의 하락 추세도 상승으로 방향을 돌려놓았다. 진호씨가 목표했던 두 가지를 모두 다 이룬 것이다. 진호씨 어머니는 끝내 감격의 울음을 터뜨렸다.

진호씨가 우리에게 감동을 준 것은 단순히 장애를 극복하고 금메달을 땄기 때문만이 아니다. 그는 부모님의 헌신과 희생에 진실한 믿음으로 응답하며 사랑의 하모니를 만들어냈다. '너는 할 수 있다'는 어머니의 응원에 '나는 할 수 있다'는 믿음을 보여줬다. 누구라도 흔들릴 포기의 유혹에도 그는 고집을 꺾지 않았고, 최악의 컨디션 속에서도 출전을 감행했고, 초인적인 노력으로 기적을 만들어냈다. '포기하지 않는 자가 승리할 수 있다'는 단순한 진리를 진호씨는 온몸으로 보여줬다.

또 그의 성취는 끈질긴 노력의 결실이기에 더 감동적이었다. 머리가 좋다는 사람들이 '요령을 터득했다'며 계산기를 두드리고 '융통성을 발휘한다'며 노력을 조절하는 모습을 진호씨에게서는 발견할 수 없었다. 그저 묵묵한 노력만이 결실을 만들어낸다는 것을 그는 본능적으로 알고 있었을 뿐이다.

그래서 진호씨는 단순하리만큼 반복해서 훈련했고, 답답하리만큼 땀 흘려서 노력했다.

그래서 진호씨는 가장 진실한 사람의 모습을 보여줬다.

그런 진호씨였기에 나는, 그리고 우리는 애틋한 마음으로 응원했던 것이다. 앞으로 그에게 어떤 일이 벌어지게 될까. 수영을 그만두게 될 수도 있고, 아슬아슬한 독립을 준비할지도 모른다. 하지만 그 어떤 선택의 길에 그가 서 있게 되건, 아마도 우리는 목청껏 외치며 응원할 것이다.

"진호야, 힘을 내! 파이팅!"

'정의의 주인공'들에게 영광을!

어느 날, 회사의 한 후배가 내게 물었다.

"형, '정의는 반드시 승리한다'는 말, 맞다고 생각하세요?"

대답하기에 앞서 한참을 생각해야 했다. 어린 시절에는 '만고불변의 진리'라고 믿었던 말이었다. 그런데 언제부터인가 별로 떠올려 본 기억이 없는, 그래서 그 진위 여부를 따져볼 일도 없었던 말이기도 하다. 그래서 실없이 대답하고 말았다.

"정의는 반드시 승리해야지."

여덟 살배기 아들 녀석은 케이블방송에서 하는 애니메이션을 즐겨 본다. '좋은 편'과 '나쁜 편'을 구분해서 좋은 편은 늘 '우리 편'으로 받아들인다. '좋은 편' '정의로운 편' '우리 편'은 아들에게 있어서 한치의 어긋남도 없는 '동의어'다. 그리고 좋은 편이 마침내 승리하고야 마는 것은 '공식'이고 '상식'이다. 그런데 그것이 어른들의 세상에서는 상식이 아니다. 좋은 편, 정의로운 편이 이기기도 하고, 지기도 한다. 또 세상에 100퍼센트란 없어서, 좋은 편에게 슬프게도 약간의 나쁜 면이 있기도 하고, 나쁜 편에게 놀랍게도 조금의 좋은 구석이 있기도 하다. 때론 충격적이게도 좋은 편이 우리 편이 아닌 경우도 있다. 이 복잡다단한 현실세계에서 허우적거리는 어른들을 보는 아이들의 느낌은 어떤 것일까.

 또한 좋은 세상이란 어떤 것일까. 아마도 순수한 아이들이 쉽게 수긍할 수 있는, 어렵지 않게 납득할 수 있는 세상일 것이다. 아이들의 기준에 100퍼센트 부합하는 세상을 만드는 것은 불가능할지 모르지만, 거기에 한 발짝씩 더 가까이 세상을 옮겨다놓을 수는 있을 것이다. 그런 차원에서 보자면, 내 프로그램들의 공통점 중에 하나가 좋은 편, 정의로운 편을 우리 편으로 만들어놓았다는 점이다.

 내가 프로그램을 만들면서 가장 심혈을 기울이는 단계가 주인공을 결정하는 시점이다. 누가 들어도 공감이 가는 사연, 언제 봐도 응원해주고 싶은 사람, 어디서 만나도 꼭 안아주고 싶은 상대, 어떻게든 사랑하지 않고는 못 배길 만한 주인공을 세우는 것이 내 작업의 핵심이다. 바른 삶을 살아온, 옳은 가치를 지닌, 그래서 공감이 가고 감정이입이 되는 주인공, 바로 좋은 편, 정의로운 편, 우리 편을 카메라에 담아왔다고 자부한다.

그런데 내 프로그램의 좋은, 우리 편인 주인공들은 반드시 승리의 해피엔딩을 가져갔을까. 안타깝게도 그렇지 못했다. 물론 삼 년간의 슬럼프를 극복하고 금메달을 따낸 자폐 수영선수 진호씨, 자신의 병인 골형성부전증을 유전시키지 않고 아들을 얻은 '엄지공주' 선아씨 등 아름다운 승리를 쟁취해낸 경우도 있었지만, 수많은 시청자들의 열화와 같은 응원과 격려에도 불구하고 모두가 바라는 바와 다른 길을 가고만 경우도 있었다.

아이들이 성인이 될 때까지는 어떻게 해서든지 엄마의 역할을 해주겠다는 강한 의지에도 불구하고 아이들 곁을 떠나고 만 '풀빵엄마' 정미씨, '너는 내 운명'의 영란씨, '안녕, 아빠'의 준호씨 등은 나와 스태프, 시청자들의 간절한 바람에도 불구하고 가슴 아픈 결말을 맺고 말았다. 반드시 승리했어야 했는데 말이다. 그리고 반드시 승리해야만 했으나 그렇지 못했던 '정의로운 주인공'이 또 한 사람 있다. 그의 이름은 장경훈. 이야기는 이 년 전으로 거슬러올라간다.

2010년 11월 17일, 그날은 광저우아시안게임에서 수영선수 박태환씨가 세번째 금메달을 딴 날이고, 대한민국 대표팀이 총 일곱 개의 금메달을 추가한 날이었다. 그리고 그날은, 반드시 금메달을 따야 하는 어느 무명 태권도선수가 자신의 운명을 걸고 시합을 치른 날이기도 했다. 바로 태권도 74킬로그램급 국가대표 장경훈씨가 그 주인공이었다. 나는 〈시추에이션 휴먼다큐 그날〉 '국가대표 장경훈, 엄마 영전에 금金 바치는 그날'을 촬영하며 그를 만났다.

인생을 글로 풀면 책 한 권은 너끈히 나올 사람이 한둘은 아니겠지만, 경훈씨의 인생 역시 굴곡과 고난으로 점철돼 있는 그야말로 한 편의 드라마였다. 아버지는 그가 초등학생이었을 때 뇌졸중으로 쓰러졌다. 전신마비로 일체의 거동도 할 수 없던 아버지 대신 어머니가 가장의 역할을 맡았다. 낮이나 밤이나 재봉틀을 돌리며 남편을 간호했고, 경훈씨의 선수생활을 뒷바라지했으며, 딸을 학교에 보냈다. 그런 어머니 덕분에 그는 계속 정진했고 결국 태권도계에서는 노장이라 불리는 스물여섯에 처음으로 태극마크를 달 수 있었다. 경훈씨에게 어머니는 늘 최선을 다하라는 주문을 했다고 한다.

"어머니께서 항상 최고보다 최선을 다하는 선수가 되라고 하셨거든요. 노력은 결코 배신을 안 한다고, 항상 어머니가 그 말을 저한테 자주 해주셨어요. 저한테는 한길로만 갈 수 있는 원동력이었어요. 엄마의 그 말이."

그뿐이 아니었다. 어머니는 가족의 생계를 책임지면서도 전국을 따라다니며 아들의 시합을 응원했다. 그가 태릉선수촌에 입소한 후에는 이메일로라도 응원의 메시지를 계속 전하기 위해 컴퓨터학

원까지 다녔다. 태극마크를 단 자랑스러운 아들의 경기 모습을 직접 보고 싶다며 태어나 처음으로 여권도 만들었다.

아들에게 많은 것을 주지는 못하지만 하나를 주더라도 그 안에 많은 것을 담아낼 줄 아는 사람, 그의 어머니는 그런 분이었다.

아들이 세계무대에 서는 날만을 아이처럼 손꼽아 기다리던 어머니. 그런 어머니의 성원에 보답하기 위해, 경훈씨는 고된 훈련에도 게으름 한번 부리지 않았다. 다른 선수들이 지쳐서 쓰러진 늦은 밤에도 혼자서 어두운 훈련장을 땀과 열기로 채우는 그를 두고, 지도자들은 '혼신을 다해 운동하는 선수'라고 입을 모았다.

아시안게임을 두 달여 앞둔 9월, 필리핀 전지훈련을 다녀온 경훈씨는 오래간만의 외출을 준비하고 있었다. 추석을 맞아 집을 찾게 된 것이다. 어머니가 얼마나 반가워하실까. 어차피 몇 시간 있으면 얼굴을 보게 될 것을, 그새를 못 참고 전화를 걸었다.

"여보세요."

수화기 너머로 낯선 남자의 목소리가 들려왔다.

"여보세요? 서정순씨 휴대전화 아닌가요?"

"아, 저는 119 구조대원입니다."

뭔가 이상한 느낌이 엄습했다.

"네? 119요? 왜 119가? 엄마 좀 바꿔주세요."

"저…… 지금 전화를 받을 수가 없는 상태입니다."

그날 어머니는 산을 오르다 발을 헛디디는 바람에 추락하고 말았다. 그리고 다시 일어서지 못했다. 그것이 마지막이었다.

믿을 수 없는 어머니의 사망 소식에 경훈씨는 절망했다. 어려운 형편에도 자신을 위한 일이라면 앞뒤 가리지 않고 매달렸던 어머니. 그런 어머니의 품에 금메달을 안겨드리겠다고 다짐했는데, 그 약속 하나로 힘겨운 훈련도 강도 높은 연습도 버텨왔는데, 어머니가 떠나버렸다. 경훈씨의 동생 유나씨는 그날처럼 오빠가 정신을 놓은 적은 처음이었다고 했다.

"오빠가 와서 그냥 저를 껴안았어요. 껴안았는데 오빠가 몸을 계속 달달달 떠는 거예요…… 놓으라고 하니까, 막 몸만 떨고 저를 안 놔주는 거예요……"

경훈씨는 며칠 동안 방황을 했다. 그냥 모든 것을 포기할까 하는 생각도 들었다. 하지만 그는 이내 정신을 차렸다. 슬픔을 뒤로해야만 하는 절박한 이유들이 있었다. 비록 어머니 생전에 약속을 지키지는 못하게 됐지만, 어머니 영전에라도 금메달을 바쳐야 한다는 생각이 번쩍 들었다. 그리고 또 한 가지 이유는, 그가 바로 어머니를 대신해 가장이 됐다는 것이고 가족의 생계를 책임져야만 한다는 것이었다. 그의 나이 스물여섯 살, 아시안게임에서 금메달을 따내지 못한다면 군대에 가야만 했다. 그렇게 되면 소속 실업팀에서 나오는 급여가 사라지게 되는 것이고, 가족의 생계는 막막해지고 마는 일이었다. 아버지 곁에서 간호하고 있는 여동생이 돈벌이를 위해 집을 비워야 하는 상황이 오게 되는 것이다. 반드시 금메달을 따서, 병역 면제를 받아야만 했다.

2010년 11월 15일, 중국 광저우. 태권도 종목에 출전하는 선수들의 대진추첨이 있었다. 경훈씨는 세계랭킹 1위인 이란 선수와 초반에 붙지 않았으면 좋겠다는 바람을 가지고 추첨에 임했다. 그런데 뭔가 이상했다. 번호를 뽑으면 바로 입력해서 대진표가 완성되는 법인데, 주최 측인 중국에서 바로 대진표를 발표하지 않았다. 한 시간, 두 시간 발표를 연기하더니, 급기야 선수촌으로 돌아가라고 했다. 저녁 6시까지 전달하겠다는 것이다.

중국을 제외한 모든 나라 코칭스태프와 선수들이 항의했다. 그러나 중국은 별다른 반응이 없었다. 결국 밤 12시가 다 돼서 대진표가 발표됐다. 경훈씨는 1차전에서 이란 선수와 맞붙게 됐다. 누가 이기든, 힘이 빠진 상태에서 중국 선수와 붙게 되는 불리한 상황이 벌어졌다. 경훈씨는 "상관없다"며 애써 무덤덤한 표정을 지었다. 어차피 금메달을 따려면 다 이겨야 한다는 논리로 스스로를 달랬다. 하지만 나는 안타까웠다. 그런 세부적인 조건들이 큰 변수로 작용한다는 것을 진작부터 봐왔기 때문이다. 그가 꼭 이겨야만 하는데……

11월 17일, 그는 어머니와의 굳은 약속을 지켜내겠다는 일념 하나로 경기장에 들어섰다. 경기 전날, 그는 내게 단단한 각오를 피력했다.

"저한테는 진짜 내일이 최고의 순간이었으면 좋겠어요. 내일 이맘 때, 이 시간이면 시합 끝나고 마음껏 웃고 싶어요. 마음껏 울고 웃고…… 그동안 울고 싶었던 것, 참았던 것 진짜 내일 1등 하고 펑펑 울 거예요."

나 역시도 그가 어머니 영전에 금메달을 바치고, 기쁨과 슬픔이 어우러진 눈물을 펑펑 흘렸으면 좋겠다고 생각했다. 그날 그 순간, 경훈씨는 분명히 좋은 편, 정의로운 편, 우리 편이 틀림없었다.

그리고 시작된 시합. 왜 불안한 예감은 잘 틀리지 않는지……

경훈씨는 참아왔던 울음을 터뜨렸다. 기쁨의 눈물이 아니었다. 그는 이란 선수에게 1 대 4로 완패하며 힘없이 고개를 떨궜다. 그의 승리를 염원하던 아버지와 여동생, 그리고 나와 스태프 모두가 동시에 고개를 숙였다.

분명 그가 이겼더라면 좋았을 것이다. 어머니 무덤에 금메달을 가지고 찾아갈 수 있었다면, 그는 좀더 행복했을 것이다. 그래도 최선을 다했으니 괜찮다고 위로하기에는, 그가 잃은 것이 너무도 많았다.

자신의 모든 것을 걸었던 만큼, 그가 결과를 받아들이기는 쉽지 않을 것이다. 나는 아무런 위로도 건넬 수 없었다. 그 어떤 말로도 위안이 되지 않음을 알기에 그저 묵묵히 지켜볼 수밖에 없었다. 최선을 다했으니 충분했다는 결론은 내리고 싶지 않았다. 그의 현실에서는 결코 충분하지 않았으니까. 하지만 이 말만은 하고 싶었다. 그는 시합에 모든 것을 걸었지만, 졌다고 해서 모든 것을 잃지는 않았다고. 삶은 많은 것을 잃어가는 동시에 또 많은 것을 얻어가는 과정이라고. 그래서 앞으로 그는 새로운 무엇들을 가지게 되고 채우게 될 거라고.

만일 누군가가 내게 "정의는 반드시 승리하는 거 맞습니까?"라고 묻는다면 어떻게 대답해야 할까. "아니요, 현실은 그렇지 않습니다"라고 대답하기에는 너무 슬프고 속상하지 않을까. 이탈리아의 사상가 안토니오 그람시Antonio Gramsci가 "이성적으로 비관하더라도 의지로 낙관하라"라고 말했던 것이 떠올랐다. 그래, 우리에게는 '의지적 낙관'이 필요한 것이다. '정의는 반드시 승리하고야 만다'는 진리(!)에 대한 낙관 말이다.

진실을
말한다는 것

2005년, 내가 〈PD수첩〉에서 일하고 있을 때였다. 하루는 〈PD수첩〉 소속 피디 여덟 명 전원이 갑자기 소집됐다. 당시 〈PD수첩〉은 여덟 명의 피디가 두 명씩 짝을 이뤄 사 주 간격으로 방송을 하던 때였다. 언제든 촬영을 나가 있는 팀이 있고, 또 편집하고 있는 팀이 있어서 좀처럼 여덟 명이 한자리에 모이기 힘든 상황이었다. 그런데 굳이 전원 소집령이 내린 것은 심상치 않은 분위기의 반증이었다. 당시 팀장을 맡고 있던 최승호 피디가 심각한 표정으로 입을 열었다.

"충격적인 제보가 들어왔다."

충격적이라…… 좀처럼 평정심을 잃지 않는 최승호 피디이기에 무엇인가 엄청난 제보가 들어왔다는 직감이 들었다.

"황우석이 가짜라는 제보가 들어왔다."

"네?"

모두가 놀라서 입을 다물지 못했다.

"황우석 교수의 줄기세포 연구결과가 거짓이라는 제보야."

"그게 뜬금없이 무슨 이야기예요? 정말 믿을 만한 겁니까?"

"그래. 출처가 아주 확실해."

자리에 모인 모든 사람들이 패닉 상태에 빠졌다. 그 누구의 숨소리도 들리지 않는 숨 막히는 긴장감이 맴돌았다. 다들 머릿속에는 여러 가지 생각들이 교차하고 있었을 것이다. 나 역시도 그러했다. 그만큼 당시 황우석 박사가 차지하고 있는 위상은 절대적이었고, 그의 업적을 일컬어 감히 '국익'이라고 부를 정도였다. 그의 줄기세포 연구는 한국인의 우수성을 증명하는 쾌거였고, 또 그의 연구가 국가경제에 엄청난 소득을 안겨줄 것이라는 장밋빛 미래에 대한 예상은 이미 국민들 사이에서 상식이 돼 있었다. 그런 그에게 정면으로 맞서서 진실을 따져 묻는다? 설사 제보가 사실이라 하더라도, 방송이 됐을 때 밀려올 엄청난 파장이 짐작조차 되지 않았다. 진실을 파헤치고 그것을 대중에게 있는 그대로 알려야 하는 것이 〈PD수첩〉의 당연한 본분이지만, 그것은 진실이 세상을 더욱 좋은 방향으로 이끈다는 전제하에서 가능한 이야기다. 그때 누군가가 어렵게 말을 꺼냈다.

"이거…… 사실인지 아닌지는 파헤쳐봐야 알겠지만, 설사 사실이라고 해도 단순히 한 개인의 잘못을 짚어내는 수준의 문제가 아니잖아요. 국제적으로 한국에 대한 신뢰가 뿌리째 흔들릴 수도 있어요. 솔직히, 정말 하는 게 옳은 건지 모르겠습니다."

그 자리에 모인 모든 피디가 한편으로 품었을 걱정이었다. 하지만 또한 분명한 사실 한 가지는 '진실은 결코 가려져서는 안 된다'는 것이었다. 일단 취재를 시작하고 그 결과를 통해 방송 여부를 포함해 전체적인 판단을 다시 하기로 했다. 취재는 여덟 명의 피디 중에서 한학수 피디가 담당하기로 했다. 한학수 피디는 논리적 사고와 빈틈없는 꼼꼼한 취재에 있어서 탁월한 능력을 가지고 있는 피디다. 그라면 제보 내용을 확실하게 검증해낼 수 있을 것이라고 모두가 고개 끄덕이며 동의했다.

그리고 그날 모임에서 나머지 피디들에게 두 가지가 주문됐다. 하나는 '절대 비밀'의 사수였다. 중간에 이야기가 새나가면 예상치 못한 부당한 개입과 간섭이 있을 수 있고, 감당하기 힘든 사회적 압력도 발생할 수 있기 때문이었다. 우리는 가족에게도 발설하지 않기로 마음을 모았다. 두번째는 한학수 피디가 취재하는 이삼 개월 동안 나머지 피디들이 기존의 사 주 간격 업무에서 삼 주 간격으로 좀

더 빡빡하게 순환해달라는 부탁이었다. 보통 사 주 중에서 두 주는 촬영, 한 주는 편집 및 방송 준비작업으로 '빡세게' 보내고 남은 한 주는 아이템을 찾으면서 정시 출퇴근의 꿀맛을 느끼는 달콤한 시간이다. 그런데 삼 주 간격으로 돌게 되면, 한 주의 여유로움을 빼앗기게 되는 것이었다. 하지만 우리 앞에는 '거대한 프로젝트'가 놓여 있었고, 그 무게에 비하면 개별 피디들의 노동강도 따위는 지극히 '사소한' 것에 불과했다.

한학수 피디. 그는 나와 특별한 인연을 맺고 있는 사이다. 내가 1996년에 입사했기에 97년에 입사한 그보다 일 년 선배지만, 나는 후배인 그를 두고 '학수 형'이라고 부른다. 왜냐하면 우리의 인연은 이미 대학시절에 맺어졌기 때문이다. 우리는 학생운동을 함께했다. 그는 경영대 87학번으로 나보다 한 학번 선배였다. 속해 있는 단과대학이 달랐기에 진작부터 그와 마주친 것은 아니었는데, 1989년 가을의 어느 밤에 그를 처음 알게 됐다. 눈앞에 닥친 총학생회 선거 때문에 학내의 PD정파 활동가들이 전체회의를 가지게 된 것이었다. 학생회관의 어느 동아리방에 백 명 가까운 활동가들이 모여들어 회의를 시작했는데, 주된 발언은 말발(!)이 센 3, 4학년 선배들의 몫이었다. 그때 금테안경을 쓴 도회적 이미지의 한 선배가 뭔가 이야기를 하는데, 그 분위기와 언변이 매우 인상적이었다. 나는 곁에 있던 선배에게 물었다.

"저 사람은 누구죠?"

"응, 경영대 87학번 한학수야."

그 후로 몇 번을 지나치며 마주쳤고 목례도 나누는 사이가 됐다. 그러다가 본격적으로 친분을 나누게 된 것은, 1996년 피디 시험 준비를 위한 스터디그룹을 함께하면서부터였다. 당시 신림동 사거리에 위치한 그의 자취방에 일주일에 두 번씩 모여서 공부를 하곤 했다. 한때 동경했던 선배를 가까이서 보게 됐을 때, 처음에는 가슴이 설레기도 하고 신기하기도 했다. 그런데 시간이 지나면서, 그의 걸쭉한 전라도 사투리에 얹힌 실없는 농담에 조금은 실망(?)을 하기도 했다. 내가 품고 있던 그의 이미지는 서울 토박이의 정갈한 말투와 지적인 풍모였는데, 실제로는 그 반대의 모습 또한 갖고 있었던 것이다.

가끔씩 그의 자취방에서 삼겹살을 구워 먹곤 했는데, 그때 보여줬던 그의 모습은 가히 충격적이었다. 그야말로 '전북 장수 촌놈'의 실체를 유감없이 보여줬다. 그는 고기를 불판에 얹어서 구워 먹는 것이 아니고, 세 번쯤 불판에 대고 눌러서 "칙~ 칙~ 칙~" 정도의 음향을 확인하면 그대로 입에 넣었다. 거의 '돼지고기 육회' 수준이었다. 게다가 그는 상추쌈 하나에 고기를 세 장씩 얹어서 먹었다. 고기를 세 겹으로 올려야만 '삼겹살'이 완성된다고 믿는 듯싶었다. 반면에 나는 베이컨에 가까울 정도로 바짝 구워 먹는 스타일이었는데, 그의 엄청난 속도 때문에 배불리 고기를 먹었던 기억이 없다. 한번은 내가 그 '소외'를 견디지 못하고 뾰족한 말로 그에게 물었다.

"형, 돼지고기 이렇게 안 익혀 먹으면 병난다는데?"

그는 태연히 응수했다.

"우리 아버지 평생 이렇게 드셨는데, 정정하시다."

작고 귀여운 구렁이 한 마리를 안에 품고 있는 듯한 그였지만, 공적인 부분에 있어서는 늘 추상같은 엄정함을 잃지 않았다. 〈PD수첩〉은 천생 그를 위한 프로그램 같았다. 부당한 권력에 대한 냉정한 비판과 사회적 약자에 대한 따뜻한 관심을 그는 결코 놓치지 않았다.

사실, 당시의 '최진용 국장-최승호 팀장-한학수 피디' 라인 중에서 단 한 사람만 바뀌었어도 결과는 달라져 있을 것이라고 우리는 말한다. 결코 자신의 소신을 굽히지 않는 원칙론자로 정평이 나 있는 최진용 국장, 세상의 거짓과 위선에 대해서 일체의 타협도 없는 최승호 팀장, 그리고 '독사 같은 취재'의 한학수 피디는 그 아이템을 위한 '환상의 라인업'이었던 것이다.

그렇게 준비를 시작한 지 육 개월쯤 후인 2005년 11월 22일, 대한민국을 충격의 도가니로 몰아넣은 〈PD수첩〉 '황우석 신화의 난자 의혹'이 방영됐다. 예정된(?) 수순대로 격렬한 비난이 들끓었다.

세계적인 과학자의 잘못을 선정적으로 보도해 그에게 오명을 씌웠다는 전 국민적인 비난이 쏟아졌다. 네티즌의 압력으로 〈PD수첩〉에 광고가 일체 끊겼고, 관계자들은 공공의 적으로 낙인찍혔다. 한학수 피디와 최승호 팀장은 테러 위협에 시달렸고, 본인들뿐 아니라 가족들에 대한 협박까지도 전달됐다. 그럼에도 불구하고 제작진은 추가검증과 후속보도를 원했지만, '언론의 자유'를 숭상한다는 참여정부는 불편한 심기를 노출시켰고, MBC 경영진은 후속보도를 막아섰다. 그러나 황우석 박사와 한배를 타고 있던 노성일 미즈메디병원 이사장의 양심선언이 터져나오는 등 상황은 계속 급변했고, 우여곡절 끝에 후속보도를 진행할 수 있게 됐다. 한 달간 방송중단이라는 초유의 사태를 겪은 〈PD수첩〉은 'PD수첩은 왜 재검증을 요구했는가'(2005. 12. 15 방송), '줄기세포 신화의 진실'(2006. 1. 3 방송), '황우석 신화, 어떻게 만들어졌나'(2006. 1. 10 방송) 등 세 편의 후속보도를 통해 결국 황우석 박사의 연구와 관련된 거짓과 오류를 상당 부분 증명해냈다.

내가 〈PD수첩〉에 몸담고 있을 때 시작된 취재는 내가 프로그램을 옮기고 나서야 방송이 됐다. 나는 2005년 9월, 최진용 국장의 명령에 따라 새로운 형식의 휴먼다큐멘터리(결국 이렇게 〈휴먼다큐 사랑〉이 탄생했다) 제작을 위해 팀을 옮겼다. 비록 몸은 팀을 떠나 있었지만 그 사태의 추이는 깊은 관심을 갖고 지켜봤다. 〈PD수첩〉에 의해서 요동치는 대한민국을 보면서 방송의 위력과 올바른 쓰임새를 새삼 절감했고, 동료 피디들이 받은 수난에 함께 가슴 아파했다. 그리고 개인적으로는 두 가지 소중한 교훈을 얻어낼 수 있었다.

먼저 진실보도에 대한 생각을 정립할 수 있었다. 최초에 제보를 접하면서 우리가 가졌던 걱정, '설령 제보가 사실일지라도 황우석의 거짓을 밝히는 것은 국익에 반하는 것이 아닌가?'는 틀린 생각이었다. '있는 그대로의 사실에 입각해 진실을 밝히는 것'은 언론의 기본적인 사명이다. 그런데 진실을 전함에 있어 이해관계를 고려하고 손익계산을 하는 것은 이미 '언론인의 자세'가 아니다. 그것은 오히려 '정치인의 본능'에 가까운 것이다. 만일 당장의 사실보도 때문에 발생하는 국가적, 사회적, 개인적 손실이 있고 그것 때문에 진실이 묻혀야 한다고 주장한다면, 더 늦은 미래에 사실이 밝혀졌을 때 훨씬 크게 부담해야 할 손실을 생각해야 할 것이다. 당장의 작은 이익이 향기로워 거짓의 상처가 더욱 곪게 되는 것을 방치한다면, 장차 더 큰 비용으로 메스를 가해야만 할 것이다. 그리고 무엇보다도 '진실의 추구'는 다른 것에 비할 수 없는 커다란 '역사적 가치'를 지니고 있다. 해당 사례에만 국한되지 않고 광범위하게 적용될 수 있는 '역사적 교훈'으로서의 가치 말이다. 아마도 지금쯤 대한민국 언론학 교과서에는 '황우석 사태'가 큰 비중으로 담겨 있지 않을까.

또 한 가지 교훈은 '빛나는 성취의 이면에는 이름 없는 희생이 늘 함께한다'는 사실의 깨달음이다. 한학수 피디를 비롯한 제작진은 보통의 인간으로서는 감내하기 힘든 고통과 수모를 겪었지만 언론인으로서, 또한 피디로서 어느 누구도 감히 따라갈 수 없는 우뚝한 성취를 이뤄냈다. '상처뿐인 영광'이지만 역사와 정의, 상식과 원칙이라는 숭고한 이름들이 그 성취를 빛나게 해줬다. 그런데 이 위대한 성취에는 보이지 않는 희생이 뒤따랐다는 사실을 또한 분명히 해야겠다.

한학수 피디가 견고한 성벽을 깨는 취재를 육 개월에 걸쳐 안정적으로 진행할 수 있었던 데는, 삼 주 간격의 벅찬 제작일정을 감수한 동료 피디들의 희생이 있었다. 처음에는 이 개월 정도를 생각했었는데 취재가 워낙 어려웠던지라 시간이 계속 늘어나게 됐다. 가뜩이나 교양국 안에서 가장 센 노동강도를 자랑하는 〈PD수첩〉이었는데, 그 육 개월 동안은 정도가 상상을 넘어서게 됐다. 밤 12시가 돼도 책상에 피디와 작가 들이 앉아서 일하고 있어 악명 높던 프로그램이, 그때는 새벽 2~3시까지 퇴근하지 못하는 프로그램이 됐다. 나야 중간에 다른 프로그램으로 발령이 났지만 그 육 개월을 온전히 버텨낸 피디들의 희생이 있었음을 기억해주고 싶다.

그리고 최승호 피디, 한학수 피디의 가족들이 묵묵히 참고 버텨준 희생과 배려를 꼽고 싶다. 한학수 피디는 아들을 한동안 유치원에도 보내지 못할 만큼, 날카로운 협박들이 가족들을 향해 날아들었다. 그럼에도 '진실을 밝히는 길'에 방해가 되지 않도록 신경쓰고 배려해준 가족들의 희생을 잊지 말아야겠다. 마지막으로 제보자의 희생이 있었다. 바로 자기 앞에서 벌어지는 엄청난 범죄행위에 괴로워하다가 결국 〈PD수첩〉의 문을 용기 있게 두드렸던 '이름 없는' 그 사람. 자신만 눈감으면 안정적인 직장생활이 유지되고 가족의 평화가 깨지지 않았을 텐데 결국 과학자의 양심을 이기지 못했던 그 사람. 용기와 양심을 포기하지 못한 덕분에 그는 자신과 가족에게 참기 힘든 고통을 겪도록 했다. 하지만 그의 이름 없는 희생이 〈PD수첩〉이 일궈낸 빛나는 성취의 진정한 밑거름이었음을 우리는 반드시 알아야 한다.

그때 나는 깨달았다. 어떤 꽃이 아름답게 필 때, 어느 별이 찬란하게 빛날 때, 또 누군가가 멋있는 모습으로 우뚝 설 때, 그 이면에는 이름 없이 나직한 희생들이 있다는 사실을, 드러나지 않는 겸손한 엑스트라들이 존재한다는 사실을.

이후 내게 하나의 습관이 생겼다. 어떤 성공을 볼 때, 그 성공이 있기까지 힘을 보탠 보이지 않는 손들을 찾아보는 습관이다. 그리고 희생을 감내한 수많은 사람들, 그들을 방송으로 포착해내는 것도 중요한 일이라는 생각을 하게 됐다. 때론 희생의 당사자가 더 가슴 뜨거운 감동의 주인공이 되기도 한다.

한때 그런 광고가 있었다. '세상은 1등만 기억한다'는. 굉장히 현실적인 표현이지만, 한편으로 굉장히 슬픈 말이다. 또 옳지 않은 관점이라고 생각한다. 2등, 3등, 4등…… 그리고 꼴등이 있기에 1등도 있는 법이다. 모두가 저마다 중요한 존재가치를 지니고 있다는 말이다. 아울러 우리 사회의 기성질서로부터 뒤처지는 사람들, 대오로부터 완전히 이탈해서 흔히 낙오자라고 불리는 사람들. 이들이야말로 1등보다 우리 사회가 더 주목하고 신경써서 보듬어야 할 사람들이다. 재기의 가능성이 사라진 사회는 미래를 꿈꿀 수 없기 때문이다.

오늘도 나는 1등 뒤에 숨은 수많은 무관無冠의 제왕들에게 눈길을 돌린다. 자신의 기꺼운 희생으로 1등을 만들어낸 공로자들과 다른 사람들보다 조금 일찍 실패를 맛본 사람들. 그들을 방송을 통해 조명하고, 용기를 불어넣고, 보란 듯이 재기할 수 있도록 하는 것, 그게 내 방송의 역할들 중에서 중요한 한 가지다.

그때 나는 깨달았다.
어떤 꽃이 아름답게 필 때,
어느 별이 찬란하게 빛날 때,
또 누군가가 멋있는 모습으로 우뚝 설 때,
그 이면에는 이름 없이
나직한 희생들이 있다는 사실을,
드러나지 않는 겸손한
엑스트라들이 존재한다는 사실을.

Part 3

삶이란
그래도
계속 나아가는 것

피비린내가 진동하는 전쟁터에서,
가난과 질병으로 얼룩진 어느 슬픈 나라에서,
꿈을 이루고자 용감히 치부를 드러냈던 사람들 앞에서,
나는 깨달았다.
삶이란 힘들고 아프고 어렵지만,
그래도 계속 나아가는 것이란 사실을.
그렇게 계속 나아가다보면
언젠가 우리가 원하는 세상과 마주할 수도 있다는 사실을.

피의 현장, 그곳에도 '사람'이 산다

〈사랑과 전쟁〉이라는 KBS 프로그램이 있다. 불륜사건의 법적 공방을 주제로 삼는 드라마로 상당한 시청자층을 확보하고 있는 프로그램이다. 그런데 몇몇 후배가 나를 두고 '사랑과 전쟁 피디'라고 부르며 놀치곤 한다. '사랑 피디'와 '전쟁 피디'를 합쳐서 만든 '사랑과 전쟁 피디'. 그랬다. 나는 〈휴먼다큐 사랑〉을 다섯 편에 걸쳐 연출했던 경력과 함께 전쟁터를 세 차례나 쫓아다니며 프로그램을 만들었던 특이한 이력도 가지고 있다. 2003년 이라크 전쟁이 일어났을 때 〈우리시대〉라는 프로그램을 통해 두 차례 그곳을 다녀왔고, 2006년 이스라엘이 레바논을 공습했을 때는 〈W〉를 통해 베이루트를 다녀왔다.

 2003년 3월, 이라크로 출발하기로 했을 때 나는 결혼 일주년 기념일을 앞두고 있었다. 결혼한 지 얼마 되지도 않아 전쟁터라니, 아내의 눈가에 번지는 물기를 보면서 집을 나서는 발걸음이 무거웠다. 하지만 그것도 잠시, 어느새 내 안의 '피디적 본능'은 일촉즉발의 현장 한복판을 향해 달려가고 있었다. 그리고 삼 년 뒤인 2006년 7월, 〈W〉를 담당하고 있을 때 레바논 사태가 터졌다. 또다시 내 안의 '그놈'은 빨리 짐을 싸라고, 촬영팀을 꾸리라고 재촉하기 시작했다.

 그런데 어떤 거대한 힘이 나를 꽉 잡고 놓아주지 않았다. 태어난 지 팔 개월 된 아들의 존재였다. 방긋방긋 웃어주는 그 녀석의 재롱으로 매일매일 행복한 나날들이었고, 그만큼 가장으로서의 책임감이 쑥쑥 커가던 때였다. 혹시라도 내가 잘못되면 그것은 곧 아이의 미래에도 어두운 그늘을 드리우게 되는 일이라고 생각하니, 차마 발이 떨어지지 않았다. 피디적 본능은 아버지의 책임감에 밀려 힘없이 나가떨어졌던 모양이다. 애써 레바논 카드를 맨 밑으로 깔아놓았다.

 며칠 후, 당시 시사교양국장이던 최진용 피디가 내 자리로 슬며시 다가왔다.

 "레바논에 전쟁났더라."

 "그러게요."

 나는 다소 시큰둥하게 답변했다.

"가야지?"

주어 없는 질문이 던져졌다.

"아휴, 우리 국 피디가 육십 명인데, 누군가 가야지요. 〈PD수첩〉에서 안 간대요?"

"고기도 먹어본 놈이 먹어야지……"

그랬다. 최진용 피디는 내가 이라크 전쟁 취재를 마치고 돌아와 나흘 만에 방송했을 때, 방송이 끝나자마자 다시 이라크로 보낸 당시 내 팀장이었다.

"저 그때 고기 물릴 대로 물렸는데…… 이제 고기 그만 먹어도 되는데……"

"……"

한참을 아무 말 없이 서 있던 그가 자리를 뜨며 한마디를 던졌다.

"여자하고 어린아이 들이 많이 죽는다더라."

여자와 어린아이, 전쟁은 늘 가장 약자를 주된 피해자로 삼는다. 그 전쟁의 야만성을 고발하고 싶어 이라크에 갔던 나였다. 왜 전쟁을 하는지조차도 알지 못한 채 이름 없이 죽어가야 하는 수많은 생명들이 있다고, 소리치고 싶어서 위험도 불사했던 것이다. 내가 가장의 이름으로 지켜야 하는 아내와 아들, 그들의 다른 이름은 여자와 어린아이였다. 더이상 망설일 이유가 없었다.

"레바논을 간다고? 폭격 때문에 뉴스에 나오는 데 말이야?"

아내가 놀라서 물었다. 이라크 전쟁을 취재하러 간다고 했을 때는 애잔한 얼굴로 눈물을 흘렸었는데, 이번에는 눈물 대신 협박에 가까운 메시지를 던졌다.

"아들 생각해서라도 오래 살아야 하니까, 절대로 욕심부려서 위험한 데 찾아다니지 말고 안전하게 있다가 와."

그러겠다고 다짐하고 또 다짐한 후에 서둘러 짐을 챙겼다. 그렇게 한국의 신문사, 방송사를 통틀어 처음으로 전장 레바논으로 향했다.

2006년 7월 12일 밤, 레바논의 수도 베이루트에 때아닌 폭격이 시작됐다. 납치된 자국 병사 두 명의 송환을 요구하며 이스라엘이 벌인 공습이었고, 이는 곧 전쟁으로 확대됐다. 육백여 명의 레바논인과 오십여 명의 이스라엘인이 목숨을 잃은 피의 현장에 우리가 도착했을 때는, 공습 열하루째 되는 날이었다.

전장으로 가는 것은 결코 쉽지 않았다. 이미 레바논 공항은 폐쇄됐고, 시리아의 수도 다마스쿠스와 레바논의 수도 베이루트를 잇는 육로만이 유일한 길이었다. 높은 산길을 통해 레바논 국경을 넘어서자마자 전쟁의 참상이 고스란히 펼쳐졌다. 화약 냄새가 차 안까지 파고들었고, 폭탄이 터진 자리에 남아 있는 매캐한 연기 때문에 머리가 지끈거렸다. 전소된 차량들이 도로 곳곳에 시체처럼 누워 있었고, 어딘가 조금 먼 곳에서 장난감 딱총 소리보다 조금 큰 총성들이 들려왔다.

그리고 마침내 도착한 베이루트. 직접 목격한 전쟁의 피해는 알려진 것보다 훨씬 충격적이었다. 사상자 사백 명, 난민 육십칠만 명의 추정치를 들었을 때는 정말 많이 죽고 다쳤다고 생각하긴 했지만 솔직히 피부에 와 닿지는 않았다. 하지만 관조차 구하기 힘들어 차가운 흙 속에 그냥 매장되는 아이들의 시체를 보노라니, 전쟁의 참혹함과 잔악무도함이 생생히 느껴졌다.

이것은 현실이었다. 영화나 책이 아니라 내 눈앞에 펼쳐진 현실이었다. 보고 있지만 믿을 수 없는 현실이었다.

베이루트에 도착하자마자 곧바로 시내에서 가장 큰 피해를 입은 다히예 지역으로 출발했다. 시아파 무장 테러단체인 헤즈볼라의 본거지라 이스라엘의 주 공격 대상인 곳이었다. 사실 이스라엘의 레바논 공격에는 이스라엘에 저항하는 단체의 씨를 말리고 친이스라엘 정부를 세우겠다는 계산이 있었다고 분석된다.

언제 어디서 폭탄이 떨어질지 모르는 곳이다보니 우리를 안내하는 운전기사는 한시라도 빨리 현장을 벗어나고 싶어했다. 하지만 좀더 구체적인 영상으로 실상을 알리고 싶은 피디로서의 욕심이 계속 내 발을 놓아주지 않았다. "조금만 더, 조금만 더……"를 외치다,

더이상 버티면 혼자라도 떠나겠다는 그의 엄포에 결국 차에 올랐다. 그런데 오 분 뒤, 옆 마을을 찾아 인터뷰를 시작하려는 순간 굉음과 함께 연기가 피어올랐다. 폭격이 다시 시작된 것이었다. 사태를 파악하고자 원래 있던 곳으로 서둘러 되돌아온 순간, 운전기사의 입에서 두려움 섞인 탄식이 흘러나왔다. 폭탄이 떨어진 곳은 바로 오 분 전, 우리가 서 있던 바로 그 장소였다.

"하, 이것 봐요. 조금만 늦게 출발했으면 우리는 잿더미가 됐을 거예요. 이곳에선 한순간에 형체도 없이 사라질 수 있다고요. 그러니 제발 무모하게 고집부리지 말아요."

"하지만, 결국은 사라지지 않고 이렇게 살아 있잖아요. 하하."

하마터면 죽을 뻔했다며 성을 내는 운전기사를 어색한 너스레를 떨며 진정시켰다. 그런 나를 보며 그는 겁도 없는 사람이라며 고개를 설레설레 저었다. 그런데 숙소에 도착해 차에서 내리는 순간, 그대로 다리가 풀려 주저앉고 말았다. 자칫 먼 타국에서 목숨을 잃을 수도 있었다는 사실에 무척이나 놀랐던 것이다. 애써 태연한 척 연기를 해봤지만 몸은 거짓말을 하지 못했다. 죽음에 대한 본능적인 공포, 삶에 대한 태생적인 집착은 감추려 해도 결코 감출 수 없는 모양이다. 놀란 마음을 진정시키고 잠을 청해보려 했지만, 지나가는 차소리에도 심장이 쿵쾅대는 바람에 결국 뜬눈으로 밤을 지새워야 했다. 짧지만 쓰나미처럼 후회가 몰려왔다.

'괜히 왔나. 이러다 정말 죽는 건 아닐까……'

하지만 이내 거대한 분노가 후회를 제치고 튀어나왔다. '절대로 죽고 싶어하지 않을 대단한 사람들'이 역시나 '죽고 싶지 않은 소박한 사람들'을 죽이는 일이 버젓이 벌어지는 현실에 대한 분노였다.

한국을 출발할 때만 해도, 전쟁의 책임은 관련된 모두에게 있다고 생각했다. 공습을 감행한 이스라엘도, 그 뒤를 봐주는 미국도, 충돌을 유발한 헤즈볼라도 각각 책임의 조각들을 나눠 가지고 있다고 생각했다. 그러나 막상 현장에 와서 보니 이스라엘과 미국에 더 큰 비난의 화살을 돌릴 수밖에 없었다. 이스라엘은 무자비했다. 헤즈볼라에 대한 공격을 명분으로 내세우고 있지만 그들의 공격 대상은 무차별적이었다. 적십자 차량과 언론사들의 취재 차량, 심지어 UN기지까지 폭격했다. 우발적인 실수가 아니라 비행기로 날아와 정확히 목표공격을 한 것이었다. UN기지 폭격으로 평화유지군 네 명이 목숨을 잃었다. 코피 아난Kofi Annan 사무총장을 비롯해 UN이 분노했고 안보리에서 이스라엘에 대한 비난성명을 발표하려 했지만, 미국의 반대로 만장일치가 깨져 채택되지 못했다. 이스라엘은 UN과의 공동 진상조사를 거부하고 자체 진상조사를 하겠다고 했다. 하지만 조사는 이뤄지지 않았다.

지난한 내전의 역사가 말해주듯 레바논은 내부적으로 정치적,

종교적 갈등이 심각했다. 이슬람 시아파에 기반한 헤즈볼라 때문에 전 국민이 피해를 입는다면, 헤즈볼라가 국민들로부터 고립될 거라는 것이 이스라엘의 의도인 듯했다. 그러나 계산은 빗나갔다. 죄 없이 죽어가는 어린아이들과 여성들의 모습을 보면서 레바논 국민들은 종교를 떠나 이스라엘에 대한 분노로 뭉치기 시작했다. 또한 미국에 대한 반감을 키우며 헤즈볼라에 대한 지지로 결집하고 있었다. 이스라엘이 기도했던 것과는 정반대의 결과를 낳고 있던 셈이다.

피난민까지 공격하는 무분별한 폭격은 7월 30일 전 세계를 경악과 충격에 빠뜨린 '카나 참사'를 야기했다. 마을 전체가 초토화됐고 서른일곱 명의 어린아이를 포함해 육십여 명의 주민이 한순간에 목숨을 잃은 대참사가 벌어졌다. 레바논의 귀중한 문화유산인 유적지와 휴양지가 파괴됐고, 석유 몇만 톤이 해양을 오염시키는 최악의 석유유출 사태까지 일어났다. 더욱이 그들은 국제규약상으로 사용이 금지된 폭탄까지 사용했다. 최악의 상황에서도, 사람이 사람을 죽이는 비인간적인 순간에서도, 지켜야 할 최소한의 원칙은 있어야 한다는 전제 아래 전 세계가 모여서 만든 규약들. 하지만 이스라엘은 전쟁에서 지켜야 하는 가장 작은 것마저 슬쩍 내려놓고 말았다.

삶과 죽음의 경계가 종잇장보다 얇은 전쟁터의 한복판에서 나는 삶의 소중함과 덧없음을 동시에 느껴야 했다. '내가 헛되이 보낸 오늘은 어제 죽은 이가 그토록 갈망하던 내일이다'라는 너무 많이

회자돼 진부하게만 여겨지던 문장의 의미를 절감하며, 내가 무료하게 혹은 의미 없이 흘려보낸 하루하루가 얼마나 귀중한 것이었는지 새삼 깨달았다. 단 일 초 만에 '존재'에서 '무존재'가 될 수 있는 현장에 있다보니, 순간 지나가버리는 그 찰나의 시간조차 소중했다.

하지만 자신의 의지나 바람과는 전혀 별개로 갑작스레 죽음을 맞이하게 된 사람들을 보며, 우리가 아등바등 살아보려 하는 삶이란 것이 언제 어떻게 끝날지 모르는 덧없는 것이란 무상함도 맛봤다. 국가 간의 충돌이 빚은 전쟁, 그곳에는 수많은 가치와 생각 들이 혼란 속에 충돌하고 갈등하고 있었다.

지금도 가끔 취재 도중 만났던 한 모녀를 떠올리곤 한다. 폭격으로 부상당한 피해자들이 치료를 받던 베이루트의 한 병원. 그곳에서 피난길에 폭격을 당한 리나 무스타파씨와 그녀의 네 살배기 딸 나르지스 파키야를 만났다. 엄마 리나씨는 심한 화상을 입었고, 딸 나르지스 역시 깊은 상처 때문에 하루하루를 진통제로 버텨야 하는 상황이었다. 육체적 고통은 차치하고서라도 정신적 충격을 심하게 받은 아이는 실어증까지 걸려 있었다. 리나씨는 가족이 함께 피난길에 올랐었다고 말했다. 그런데 남편이 보이지 않았다.

"리나, 남편은 어디에 있어요?"

"폭격으로 정신을 잃고 깨어나 보니까 나르지스는 있는데, 남편이 보이지 않았어요. 사람들한테 물어보니까 남편만 다른 병원으로 이송됐대요."

남편의 상태가 궁금하긴 하지만 남편과 자신 중 먼저 퇴원하는 사람이 병원을 찾으면 되지 않겠냐며, 그녀는 희미하게 웃었다. 안타까운 마음으로 병실을 빠져나올 무렵, 나르지스의 할머니가 나를 불러 세웠다. 무슨 할 말이…… 순간 불길한 예감이 머리를 스쳤다.

"사실, 제 아들은 폭격을 받고 그 자리에서 바로 죽었어요."

며느리와 손녀가 충격을 받을까봐 차마 아들의 죽음을 말하지 못하고 있다고 했다. 자신도 감내하기 힘든 고통을 힘겹게 고백하는 노모의 얼굴을 보며, 앞으로 이들에게 펼쳐질 인생의 험난함이 그려져 가슴이 갑갑해져왔다.

다른 취재일정으로 인해 병원을 떠난 후에도 계속 마음속에서 나르지스의 얼굴을 놓지 못했다. 이미 실어증에 걸릴 정도로 충격을 받은 아이에게 아빠의 죽음이라는 무지막지한 충격이 가해져야 한다니. 육 년이란 세월이 흐른 지금도 가끔 그들의 모습이 떠오른다. 충격으로 말을 잃은 아이와 화상으로 인한 자신의 고통에도 불구하고 남편의 쾌유를 빌던 아내와 그 모든 상황을 지켜보며 가슴을 뜯던 할머니의 모습이.

그들은 살아 있을까. 아빠가, 남편이 죽었다는 사실을 어떻게 받아들였을까. 모든 것을 잃은 가운데도 어떻게든 살아내고 있는 걸까.

그들을 떠올리는 날은 꼬리에 꼬리를 무는 생각으로 인해 쉽사리 잠자리에 들지 못한다.

레바논을 떠올리는 날, 생각의 끝에는 언제나 여섯 살 소녀가 내게 던졌던 질문이 기다리고 있다. 폭격으로 집을 잃고, 당시의 공포와 충격을 온몸으로 기억하고 있던 크리스틴. 안락한 집에서 부모님의 사랑을 한껏 받으며 자랄 나이의 꼬마아이는 어른들의 이기심이 빚어낸 전쟁으로 너무 일찍 어른이 돼버린 듯했다. 아이는 또박또박 분명한 발음으로 말했다.

"저는 그들에게 왜 우리를 공격하는지 묻고 싶어요. 그들은 비겁하게 전쟁을 그치지 않고 아이들을 죽이고 상처입히고 있어요. 아이들이 어떻게 죽어가는지 소식을 듣고 있지 않나요?"

나 역시 묻고 싶었다. 왜 자기 욕심을 채우려는 몇몇 때문에 무고한 사람들이 죽어가야 하는지. 자기 의사와 무관하게 삶과 작별을 고한 가냘픈 영혼들은 누가 위로해줄 것인지.

그것이 내가 레바논을 찾은 이유다. 전쟁의 맨얼굴, 잔인하고 무도한 현장을 고발하는 것. 그것이 내가 품은 질문에 답을 구할 수 있는 길이라고 생각했다. 어떠한 이유에서든 전쟁은 일어나서는 안 된다, 결코.

레바논 사태는 종결됐지만 전쟁이 남긴 상처는 쉽게 아물지 않을 터. 그들은 어떻게 그 상처를 치유하며 살아가고 있을까. 아주 막연한 생각이지만 나는 어쩌면 그들이 예상보다 잘 살아가고 있을지도 모른다는 생각을 하기도 한다. 그것은 내가 목격한, 전쟁터의 또 다른 얼굴 때문이다.

처음 전쟁을 취재하며 직접 경험했던 2003년 전까지만 해도, 전쟁에 대한 내 선입견은 '지옥 같은 화염'과 '고통 속의 절규'로 가득 찬, 사람이 살지 못할 시간과 장소였다. 그런데 그것은 100퍼센트 정답이 아니다. 모든 전쟁이 같을 수는 없겠지만 적어도 내가 경험한 전쟁들은 그렇지 않았다.

우리는 전쟁터라고 하면 한순간도 방심할 수 없는 위기의 연속이라고 생각하지만, 그곳에도 일상을 살아가는 사람들이 있고 어울리지 않는 다소의 평화로움도 존재한다. 폭격으로 집이 불타고 부서져도, 상황이 가라앉으면 어느 틈엔가 사람들이 밖으로 나와 먹고살기 위한 일들을 한다. 작물을 수확하는 사람들도 있고 먹거리를 물물교환하는 사람들도 있다. 수많은 사람들이 죽어나가는 전쟁터에서 살기 위한 또다른 사투가 벌어지고 있는 것이다.

전쟁터, 그곳에도 사람이 산다. 그곳은 전쟁터이기 전에 누군가의 생활터전이고 어떤 가족의 울타리이기 때문이다.

레바논은 삶과 죽음의 대비가 더욱 선명한 곳이었다. 도심에서는 연기가 피어오르고 굉음이 울려퍼지는데, 불과 20킬로미터도 떨어지지 않은 바닷가에서는 조깅을 하는 사람들도 있고, 낚시를 하는 사람들도 있었다. 카페에서 물담배를 피우며 담소를 나누는 사람들도 종종 눈에 띄었다. 마치 그곳만 따로 떼어놓고 보면 전쟁터가 아니라 어느 평화로운 마을의 풍경이라는 착각이 들 정도였다. 그 전혀 상반된 그림이 한곳에서 펼쳐지는 상황은 분명 낯설고 당혹스러웠지만 이내 수긍하게 됐다. 우리는 어떤 상황에서든, 어떻게든 살기 위해 노력하고 살아갈 방도를 찾게 되는 존재니까 말이다. 살기 힘든 여건이든 좋은 환경이든, 살아야 한다는 사실은 변치 않으니까 말이다.

사람이란 한없이 유약한 존재인 동시에 놀랍도록 강인한 존재라는 사실을, 나는 전쟁터에서 배웠다. 쉽게 주저앉고 무너져내리지만 어떻게든 다시 일어서고 걸어가는 것이 사람이다. 부지불식간에 찾아오는 갈등과 고통의 순간들마다, 마치 처음 겪는 일인 듯 아파하고 힘들어하고 슬퍼하는 나약한 존재. 하지만 그 아픔과 힘듦과 슬픔을 짊어지고 또다시 한걸음 한걸음 나아가는 존재. 그것이 사람이다.

어떤 시련에도 흔들리지 않고, 어떤 상처에도 아파하지 않아 강한 것이 아니라 맥없이 흔들리고 끝없이 아파하면서도 살아냄을 멈추지 않기에 결국 강한 것이다.

:

그 아픔과 힘듦과 슬픔을 짊어지고
또다시 한걸음 한걸음 나아가는 존재.
그것이 사람이다.
어떤 시련에도 흔들리지 않고,
어떤 상처에도 아파하지 않아 강한 것이 아니라
맥없이 흔들리고 끝없이 아파하면서도
살아냄을 멈추지 않기에
결국 강한 것이다.

총 앞에 맨몸으로 선 여인

MBC에 TV 피디로 입사해서, 프로그램을 만들고 그 프로그램을 통해 수많은 시청자들과 대화를 나누는 것이 얼마나 재미있는 일인지 깨달아가던 1990년대 후반의 어느 날이었다. 아이템을 찾기 위해 수많은 잡지들을 뒤적거리다가, 어떤 시사잡지의 만화에 등장한 한 문장에 눈길이 멈춰 서고 말았다.

"한번 염색된 순수는 다시 표백되지 않는다."

더럽혀진 순수는 다시 회복될 수 없다는 말이었다. 순간 형언할 수 없는 슬픈 감정이 밀려왔다. 순수, 한때 무척이나 애착했던 단어였다. 그것을 지키고 간직하며 평생을 살고 싶었다. 그런데 어느새 생활인 유해진에게 순수는 오랫동안 잊고 지냈던 친구처럼 생소하게만 느껴졌다.

'정말, 이제 다시는 과거의 내 순수를 되살릴 수 없는 걸까?'

오랜만에 '내 가장 순수했던 시절'의 추억들이 모락모락 피어올랐다.

88학번인 나는 소위 말하는 386세대 중 한 명이다. 1980년대 말 군사정권하의 우리 사회는 암울함, 그 자체였다. 당시 대학생들은 그런 현실을 극복해야 한다고 생각했고, 그것이 지식인의 사명이라고 여겼다. 우리 사회의 부조리와 모순을 혁파하고 그늘진 곳, 아주 낮은 곳에서 신음하는 이웃들의 삶을 뜨겁게 껴안아야 한다는 사명감이 있었다. 지금 돌이켜보면 학생들이 이뤄내기에는 너무 커다란 목표고 다소 허황된 꿈이었는지도 모르겠다. 하지만 그때의 우리는 세상이 곧 바뀔 수 있다고 믿었고, 또 바꿀 수 있다고 믿었다. 그것은 절대 의심을 허용치 않는 신념이었고, 삶이 작동하는 근원이기도 했다. 나는 그렇게 학생운동에 열심인 학생이었다.

학생운동에 전념하느라 당연히(?) 학업을 소홀히 한 탓에, 남들은 8학기 만에 마치는 대학을 11학기 만에 졸업했다. 군대에 갔던 이십오 개월을 포함해 팔 년 동안 대학에 머무르면서 경제학과 학생회장을 지냈고, 사회과학대 학생회장 선거에 출마해 낙선했고, 일 년간 진보정당인 민중당에서 무보수로 일했다. 사실 나는 사람들 앞에 나서는 것을 그리 좋아하지 않는 다소 소심한 성격의 소유자다. 그런 내가 경제학과 학생회장 선거와 단과대 학생회장 선거에 나선 것을 두고 고등학교 때 친구들은 놀랍다고 입을 모았다. 나로서도 놀라운 일이었다. 사실 그것은 내가 원해서 했던 일은 아니었다.

1990년 봄, 3학년이 되자 학과 학생회장 선거일정이 다가왔다. 내가 몸담고 있던 운동그룹(이른바 PD계열)에서 후보로 나를 결정했다. 선후배, 동료 들이 모여서 결정했지만 나로서는 도저히 받아들일 수 없었다. 부끄럽지만 울면서 호소했다. "제발 후보만은 하지 않게 해달라"며. 하지만 조직의 어법은 단호했다.

"네가 하고 싶은 것과 해야만 하는 것이 충돌할 경우, 진정한 운동가라면 무엇을 선택해야 하는가?"

그 논리 앞에 고개를 떨구고 말았다. 그리고 다행인지 불행인지 경선 끝에 175 대 150으로 당선되고 말았다. 그해 가을, 이번에는 단과대 학생회장 후보로 나서라는 조직의 부름이 있었다. 사회대 열한 개 과의 수많은 활동가들 중에서 또 하필 나였다. 이번에도 똑같이 저항했지만, 동일한 논리 앞에 다시 무릎을 꿇고 말았다. 당시에는 운동과 조직의 거대한 가치 앞에서 개인의 성향과 욕구는 사소한 것으로 여겨졌고 철저히 희생당했다. 그리고 모두가 그것을 당연한 것으로 받아들였다. 그만큼 운동의 대의에 충실하고자 했던 것이다.

그렇게 등 떠밀리듯 출마한 선거에서 국제경제학과 태재준 후보에게 643 대 608로 패하고 말았다. 35표 차였고 무효표가 똑같이 35표였다. 우리 선거운동본부에서는 이의를 제기하고 재선거를 주장하려 했지만, 나는 깨끗이 받아들이자고 했다. 그렇게 사회대 학생회장이 된 재준이는 다음해 서울대 총학생회장이 되고 급기야 전대협(전국대학생대표자협의회) 의장까지 해내고 말았다.

선거에 낙선한 지 몇 주가 지났을 즈음, 경제학과 학과장이셨던 이승훈 교수님께서 나를 부르셨다. 흔한 일이 아니기에 쭈뼛거리며 교수실로 들어섰다. 교수님은 부드러운 미소로 자리를 권하시고는 대뜸 내게 물으셨다.

"해진아, 너 사회주의자냐?"

머뭇거리며 대답을 못 하자 교수님께서 말씀을 이으셨다.

"나도 학부생 때는 사회주의자였어."

사.회.주.의. 당시 내 머릿속은 사회주의에 깊이 잠겨 있었다. 우리 사회의 아픈 현실들이 극복될 수 있는 유일한 길이 사회주의라고 믿고 있었다. 사람이 사람답게 살 수 있는 세상은 오직 사회주의뿐이라고 철석같이 믿고 있었다. 하지만 1980년대 후반부터 소련이 개혁, 개방을 하면서 조금씩 사회주의의 실상이 알려지기 시작했고, 모든 불평등과 차별이 사라진 유토피아라고 생각했던 우리의 믿음과 다른 현실의 파편들이 모습을 드러내기 시작했다(지금처럼 인터넷이 발달해 정보의 유통이 대규모로 제한 없이 이뤄지지 않았기에 아주 느리고 부분적으로 정보가 전달됐다). 이로 인해 운동권에서 이탈하는 사람들이 늘고 있었고, 나 역시도 사회주의에 대한 의문을 품기 시작했다.

교수님께서는 학교에서 연수 프로그램을 마련하고 있는데 소련이 포함돼 있으니 직접 눈으로 확인해보면 어떻겠냐는 제안을 하셨다. 소련, 불가리아, 서독(당시는 독일 통일 전이었다), 프랑스, 영국 등 5개국 연수. 어렴풋이 들어서 알고 있던 '운동권 학생 교화 프로그램'이었다. 그 프로그램이 숨기고 있는 음험한 의도 때문에 주저했지만, 내 눈으로 똑똑히 현실을 확인하고픈 욕구가 더 컸기에 가겠다고 마음먹었다.

1991년 1월, 난생처음으로 여권이라는 것을 만들고 비행기라는 것을 타보게 됐다. 그렇게 발을 디딘 소련. 모스크바의 영하 20도 추위보다 나를 더 슬프게 한 건 그곳 사람들의 어두운 표정이었다. 삶의 고단함이 배어나오는 민중의 얼굴, 그에 비해 너무도 화려한 레닌박물관. 그 극단적인 대비는 나를 혼돈 속에서 허우적거리게 만들었다. 며칠 머물지 않았지만 체제의 비효율성에서부터 비릿한 관료주의까지 너무 많은 문제들이 눈에 확 들어와 박혔다. 예컨대 백화점 점원은 극도로 불친절할 뿐 아니라 손님들이 줄을 서 있어도 저녁 6시가 되면 문을 닫았다. 어차피 판매량과 무관한 분배가 이루어지기 때문이다. 게다가 우리 일행에게 따라붙은 기관원은 내내 뒷돈과 불필요한 혜택을 요구했다. 그동안 내가 탐독했던 책 속에 아름답게 그려져 있던 사회주의는 그곳에 없었다.

오히려 사회주의는 서독의 뮌헨에서 발견할 수 있었다. 첫눈에 들어온 밝고 평화로운 사회 분위기. 사람들의 얼굴에는 생기와 여유가 넘쳐흐르는 듯했다. 공항에서도 식당에서도 호텔에서도 모든 사람들의 말과 행동에는 친절함과 자신감이 실려 있었다. 하지만 자본주의에는 두 가지 얼굴이 상존하는 법. 밝은 모습의 이면에 도사리고 있는 음울한 구석이 있을 터였다. 나는 자유시간이 주어질 때마다 그 어두운 그림자를 찾아나섰다. 시장경제의 비인간적 경쟁으로부터 낙오해 절망을 품고 사는 사람들을 찾아 정신없이 두리번거렸다. 하지만, 찾지 못했다. 어딘가에는 분명 그런 모습이 있었겠지만 우리 사회처럼 여기저기에 살벌한 철거민촌의 풍경으로, 고단한 노점상의 모습으로, 절망적인 걸인의 표정으로 존재하지는 않았다. 물론 서독은 사회민주당이 오래 집권해 사회주의적인 정책을 상당히 도입했지만 기본적으로는 자본주의 체제였다. 수정자본주의, 사회민주주의, 유럽사회주의 등 여러 가지 이름으로 불리긴 했지만, 적어도 당시 대한민국 운동권의 단순 시각으로 보자면 자본주의였다. '사회주의보다 우월한 자본주의의 목격', 연수가 전해준 선물이었다.

몸담고 있던 운동조직에서 나왔다. '유해진이 운동 정리했대'라는 수군거림이 환청처럼 연신 귓전을 때렸다.

"형, 두 달 전에 제게 하신 말씀과 다른 이야기를 하시네요."

가장 아꼈던 과 후배 김종철(현 진보신당 부대표)이 차갑게 일갈하고 등을 돌렸다. 이상理想이라 여겼던 가치를 잃어버린 상실감과 변절자라는 낙인…… 일주일을 앓아누웠다. 고민에 고민을 거듭하며 지나간 삼 년의 운동사를 재점검해봤다. 내가 왜 운동을 시작했는가. 사회주의를 승인했기 때문에? 아니었다. 내가 운동을 시작한 이유는, 우리 사회에 가득한 부조리와 모순을 척결하고, 춥고 어두운 곳에서 신음하는 이웃들의 삶을 바꾸기 위해서였다. 그렇다면 내 운동의 시작을 야기했던 현실이 변하지 않았는데, 사회주의에 대한 태도가 변했다고 해서 운동을 정리하는 것은 옳지 않다는 결론이 나왔다.

다시 시작하기로 했다. 다만 새로운 방법론이 필요했다. 그동안 견지해왔던 '사회주의 혁명론', 즉 민중의 물리적 힘에 의한 혁명과 그를 통한 사회주의 사회로의 이행이라는 공식을 폐기했다. 대신에 서독에서 봤던 사회민주주의(이하 '사민주의')를 연구해보기로 했다. 간단히 요약하자면, 점진적이고 평화적인 방식으로 사회주의를 정책으로 도입하자는 것이 사민주의다. 유럽의 복지국가라 불리는 나라들, 스웨덴, 노르웨이, 덴마크, 핀란드 등이 사민주의 국가들이었다. 당시 우리 운동권에서는 사민주의를 기회주의, 개량주의, 수정주의라고 험하게 몰아붙이고 있었다. 그 극단적인 비난의 숲을 뚫고 사민주의를 지향하는 진보정당, 민중당이 1990년 11월에 창당해 조금씩 운신의 폭을 넓혀가고 있었다.

학내의 민중당 청년학생위원회에서 활동을 시작했다. 몇 달을 학내에서 활동한 후, 지구당으로 활동공간을 옮겼다. 처음에는 집과 비교적 가까운 성동갑 지구당에서 일을 시작했다. 무작정 찾아가서 잡일부터 시작하겠다고 했다. 매일 아침 출근해서 청소부터 했다. 청소를 마치면 잔심부름을 했다. 그리고 상근자들을 위해 점심과 저녁을 준비했다. 저녁때는 유인물을 만들어 집집마다 다니며 신문처럼 돌렸다. 사무실 막내였기에 위원장을 포함해 여섯 명의 선배들이 던져주는 심부름에 정말 눈코 뜰 새가 없었다.

처음에는 학생운동을 탈피해서 사회운동의 한편에 몸을 담게 됐다는 사실에 흥분도 되고 기분도 좋았다. 무보수로 일하며 내 돈으로 교통비를 내서 출퇴근했지만, 추상적인 학생운동을 넘어서 그 이상의 운동을 하고 있다는 만족감도 생겼다. 벌써 행정고시를 패스했다는 과 친구의 이야기도, 열심히 과외를 해서 차를 샀다는 고등학교 동문의 자랑도 결코 부럽지 않았다. 나는 내가 옳다고 믿는 바를 온몸으로 살고 있다는 자부심이 있었기 때문이다.

그런데 기실 내가 민중당 지구당을 굳이 찾아가서 끄트머리의 일들을 마다하지 않고 묵묵히 하고자 한 데는 또렷한 목표가 있기 때문이었다. 그곳의 선배 운동가들로부터 이념적 지향에 대한 고민을 듣고 싶었다. 학생운동가들의 관념적이고 추상적인 이야기 말고, 구체적인 실천 속에서 가지게 된 고민들이 궁금했던 것이다. 조금씩 일에 익숙해지고 그곳의 선배들과 친분이 생기면서 조심스럽게 궁금증들을 풀어놓았다. 하지만 내가 원하는 이야기들이 속 시원히 나눠지지 않았다. 알고 보니 그 지구당은 민중당의 주류 흐름과 달리 가장 급진적인 성향의 활동가들이 모여 있는 곳이었다. 선명한 사회주의를 지향할 뿐 아니라 당내 주류인 사민주의에 대해서도 아주 비판적인 입장이었다. 아쉬웠지만 짐을 싸야 했다.

이번에는 구로을 지구당의 문을 두드렸다. 당시 살았던 구의동에서 지하철상 가장 먼 곳에 위치하고 있었고, 버스까지 갈아타고 가자면 한 시간 반이 족히 걸리는 곳이었음에도 다시 실패하지 않기 위해 확실한 곳을 선택했다. 구로을 지구당은 민중당 대표인 이우재씨가 맡고 있었기 때문이다. 더구나 몇 개월 후에 있을 14대 총선(1992. 3. 24)을 함께 준비하는 소중한 경험도 쌓을 수 있을 것 같았다.

그곳에서 사회주의 혁명론자로서 대학 졸업 후 공장에 들어가 노동운동을 펼치다, 생각의 변화로 말미암아 합법적 진보정당운동가로 변신한 선배들을 만날 수 있었다. 그들과 함께 고민을 나누고 선거운동을 벌이면서 행복한 시간들을 보냈다. 늘 티셔츠에 청바지만 입던 내가 어색하지만 양복을 차려입고 구로동의 곤궁한 골목골목을 누비며, 민중의 실체 앞에서 허리 숙이고 두 손을 뜨겁게 잡았다. 단 1퍼센트의 사생활도 허락하지 않은 열정적인 시간이었다. 그러나 민중당에서 가장 당선 가능성이 높은 곳으로 꼽혔음에도 불구하고 20퍼센트를 겨우 넘기는 득표율로 낙선하고 말았다. 민중당의 간판을 달고 국회에 들어간 사람은 아무도 없었고 당은 해산하고 말았다. 세상은 마음먹은 대로 쉽게 변하지 않는다는 사실을, 민초의 마음과 생각도 쉽게 변하지 않는다는 사실을, 나는 뼈아프게 깨닫게 됐다. 결국 그해 7월, 군에 입대했다.

제대 후 돌아간 학교는 이전의 모습과 판이하게 달랐다. 이 년 만에 세상이 바뀌어 있었다. 학생들이 몰고 다니는 자동차가 학교를 가득 메웠고, 이전까지는 보기 힘들었던 화장한 여학생들이 교정 곳곳에서 눈에 띄었다. 학생운동은 심하게 위축돼 있었다. 모든 것이 혼란스러웠다. 나는 아직 이 년 전의 세상에 멈춰 있는 것만 같은데 급격하게 변화된 세상의 속도를 따라잡을 수 있을지, 이 세상을 상대로 어떻게 살아야 하고 어떤 방법으로 사회를 바꿔야 할지, 무엇 하나 분명하지가 않았다.

나 스스로도 이념의 좌표를 잃은 상태에서 더이상 나를 버리고 운동에 투신할 자신은 없었다. 하지만 동시에 사회의 변화를 포기하겠다는 생각도 없었다. 그즈음 서양에서는 다큐멘터리가 사회를 움직이는 변혁의 무기로 사용된다는 사실을 알게 됐고, 결국 함께 운동하던 친구들 몇 명과 다큐 피디 준비를 시작했다.

그리고 1996년 12월, MBC에 TV 피디로 입사했다. 육 개월 동안 OJT(직무연수)를 받으며 드라마, 예능, 시사교양 피디업무를 두루 경험한 후, 최종적으로 자신의 희망 분야를 결정해야 했다. 입사 동기들 중에는 육 개월 사이에 생각이 오락가락하는 경우도 있었지만, 나는 초지일관 시사교양 피디를 지망했다. 다큐멘터리 피디가 되고 싶었기 때문이다. 시사교양국(당시는 교양제작국)에 발령이 났고 국장과 면담을 했다.

"자네는 뭘 하고 싶어서 여기를 지망했나?"

"예, 다큐멘터리를 하고 싶습니다."

"다른 분야는 관심 없고?"

"예, 저는 다큐멘터리 외에는 전혀 생각 없습니다."

다음날 인사발령이 났고 나는 〈다큐멘터리 이야기 속으로〉라는 프로그램에 배치됐다. 〈다큐멘터리 이야기 속으로〉는 인터뷰를 바탕으로 스토리를 재연 형식으로 표현하는 재미있는(!) 프로그램이었다.

TV 피디, 분명한 목표의식을 가지고 시작한 일인데, 막상 피디가 되고 방송사라는 조직에서 사회생활을 하다보니 많은 것들이 흔들렸다. 두 가지 이유였는데 하나는 객관적인 현실의 변화였다. 1990년대 중반 이후로 한국 사회의 민주주의가 신장되기 시작했다.

또 경제도 지속적으로 양적, 질적 발전을 이뤄냈다. 내가 대학에 첫발을 내디딜 때 우리 사회에 가득했던 부정과 불의는 줄어들기 시작했고, 현실에 존재함, 그 자체가 고통의 이유였던 수많은 민초의 삶이 개선되는 방향으로 변화하고 있었다. 사회주의혁명이라는 극단적 선택지를 강요했던, 극단적으로 부당한 현실의 풍경이 사라지면서 세상을 바꾸는 운동의 긴장감도 전과 같지 않게 됐다. 물론 여전히 개선되고 바뀌어야 할 현실의 문제들이 산적해 있었고 그를 위해 노력해야 하는 시대적 사명감은 객관적으로 남아 있었다.

또 한 가지 이유는 기성의 질서에 편입된 내 변화였다. 내가 얼마나 얇고 알량한 사람인지를 여실히 깨달았다. 학생 때는 이 사회를 위해 내가 버릴 수 있는 것이 100이라고 생각했다. 복학 후 혼란과 혼동의 시기를 겪을 때는 50만 버리자고 마음먹었다. 그런데 사회생활을 하면 할수록 20을 버려야 할지, 10을 버려야 할지, 아니, 5라도 버릴 수 있을지를 고민하게 됐다. 더군다나 결혼을 하고 가족이 생기면서, 내가 거창하게 이 사회를 위해서 해야 할 일보다 내 가족을 위해서 해야 할 구체적인 일들이 있다는 사실을 먼저 떠올렸다. 가족들의 안위와 평화는 당장 눈앞에 보이기 때문에 어쩔 수 없이 그쪽으로 내 마음이 더 빨리 움직이고 더 급하게 달려갔다. 그렇게 달려가다가 그녀를 만났다.

그녀를 처음 만난 건 2008년 1월, 국제시사 프로그램 〈W〉를 통해서였다. 팔레스타인의 한 마을 시위에서 우연히 그녀가 포착됐다. 이스라엘 군인들이 팔레스타인 시위대를 향해서 총구를 겨누고 있고, 시위대는 군인들을 향해 연신 돌팔매질을 하고 있는 상황. 그 긴박한 상황의 복판에 한 여인이 우뚝 서 있었다. 맨몸으로 이스라엘 군인들의 총구를 막아서며 자칫 발생할지 모를 불상사를 저지하기 위해 노력하던 여인.

"쏘면 안 돼요. 당신이 든 그 무기가 사람을 죽일 수도 있다는 거 알아요? 지금 아이들에게 총을 겨누고 있는 거예요. 몰라요?"

목숨을 위협받는 상황에서도 움츠러들지 않는 용기를 가진 주인공은 너무도 가녀린 체구를 지니고 있었다. 도대체 무엇이 그녀를 총구 앞에서도 떨지 않게 만든 것일까. 후에이다라는 이름을 제외하곤 그녀에 대한 자세한 이야기는 프로그램에 담기지 않았다. 며칠 동안 내내 그녀의 모습이 눈앞에 맴돌았다. 그녀의 모습에 충격을 받은 것은 나 하나만이 아니었다. 방송영상은 유튜브에 올라 백삼십만이 넘는 조회수를 기록했고, 그녀에 대한 폭발적인 관심은 이스라엘-팔레스타인 분쟁에 대한 뜨거운 논쟁까지 불러일으켰다.

2009년 6월, 나는 〈휴먼다큐 사랑〉 '풀빵엄마' 편을 제작한 후 〈W〉로 발령을 받았다. 그리고 일 년 뒤인 2010년 7월, 〈W〉는 〈김혜수의 W〉로 변신을 감행했다. 개편 첫 방송의 중책이 내게 떨어졌다. 세 개의 아이템을 기획하던 중, 이 년 전 〈W〉를 통해 짧지만 강한 인상을 남긴 후에이다를 다시 만나 자세한 이야기를 담고 싶다는 강렬한 충동이 일어났다.

막상 그녀를 다시 만나겠다고 결정은 했지만 그녀의 신상에 대해서는 거의 알지 못했다. 어려 보이는 외모 때문에 20대의 팔레스타인 여성 정도로 짐작할 뿐이었다. 유일한 단서는 그녀의 이름 후에이다Huaida. 인터넷을 샅샅이 뒤졌지만 손에 건져지는 것이 아무것도 없었다. 그러다 우연히 그녀가 관련을 맺었던 한 단체의 사람과 연락이 닿았고 그를 통해 겨우 그녀의 연락처를 입수할 수 있었다. 그런데 그녀의 이름은 후에이다가 아니고 후웨이다Huwaida였다.

2010년 여름, 이 년 반 만에 그녀와 '제대로' 만났다. 그리고 그녀에 대한 제대로 된 정보를 얻게 됐다. 서른네 살. 미국에서 태어나 자랐고 이미 결혼도 했다. 그것도 적대국 이스라엘의 남자와. 미국의 평화로운 환경에서 자라고 공부한 그녀는 로스쿨 과정 말미에 부모님의 나라 팔레스타인에 와서 조국의 비참한 현실을 목도하고는 '자기 삶의 장밋빛 계획'을 내려놓았다. 그리고 이스라엘과 팔레스타인 사이에 가로놓인 분노와 반목의 철조망을 걷어내기 위해 온몸을 내던졌다.

"몇 살 때 결혼해서 가족을 꾸리고, 어떻게 성공적인 커리어를 쌓고…… 저 역시 보통의 사람들처럼 그런 계획들을 세웠었죠. 하지만 제 인생은 그 길을 따르지 못했어요. 대학을 졸업하고 이곳에 와서 어떤 일이 벌어지고 있는지 보고는 더이상 외면할 수 없었죠."

총 길이 700킬로미터의 장벽 밖으로 나가는 것은 허용되지 않는 상황, 콘크리트 장벽 안에 갇힌 채 신음하는 고국은 그녀에게 충격 그 자체였다고 했다. 그 후 이 년 동안 그녀는 많은 나라들을 돌아다니며 팔레스타인 평화운동을 확산시키기 위해 분투했다. 2010년 5월 31일 가자지구에 생활필수품을 전달하기 위해 출발했다가 이스라엘군에 의해 공격받았던 프로틸라(구호선)의 발족에도 깊숙이 관여했다. 당시 수많은 국제평화운동가들이 탑승했던 여섯 척의 구호선 중 그녀가 타고 있지 않던 한 척이 크게 피해를 입었다. 아홉 명의 평화운동가들이 사망했고, 수십 명이 부상을 입었다. 그녀는 동료들의 죽음에 충격을 받았고 크게 상처를 입었지만, 다시 일어섰다.

그녀를 취재하기 위해서는 약간의 용기가 필요했다. 그녀는 늘 위험이 도사리고 있는 아슬아슬한 현장의 중심에 위치하고 있었기 때문이다. 투석 시위대와 최루탄 진압군의 가운데에서 카메라를 들고 서 있는 상황은 상당한 긴장감을 요구했다. 최루탄이야 시위대를 겨냥하기 때문에 역겨움만 감내하면 됐지만, 언제 어디서 날아올지 모르는 시위대의 돌멩이는 정말로 두려웠다. 나중에 편집을 하면서 보니까 내 카메라의 앵글은 덜덜 떨고 있는 것이 분명했다(〈W〉는 제작비 절감 차원에서 2009년부터 피디가 6밀리미터 카메라로 직접 촬영하는 시스템을 도입했다). 하지만 내가 잠깐 꺼내놓은 용기는 그녀가 온몸으로 품고 사는 용기 앞에서 한없이 움츠러들어야 했다.

그녀와 함께했던 닷새를 통해 나는 그녀에게 존경의 마음을 가지게 됐다. 우리는 그녀와 만났던 첫날, 저녁식사를 위해 괜찮은 이스라엘 식당을 예약했었다. 그러나 그녀는 완곡하게 거절하며 자신의 이스라엘에 대한 보이콧 신념을 피력했고, 결국 다소 수준이 처지는 팔레스타인 식당으로 향해야 했다. 뿐만 아니라 간단한 생필품, 음료수, 심지어 아이스크림 하나를 사더라도 반드시 이스라엘을 통하지 않은 제품만을 고집했다. 사실 그것은 한국에서 '메이드 인 차이나' 없이 살겠다는 것과 같은 어려운 일이었지만, 그녀는 그렇게 피곤할 법한 생활을 철저하게 지켜나가고 있었다.

그런 그녀와 대화를 나누고 그녀의 행적을 따라다니는 중간중간 나는 원인 모를 부끄러움을 만지작거렸다. 아니, 이유는 알고 있었다. 내게도 그녀와 같은 시절이 있었다. 가장 옳다고 믿는 것을 위해서 100퍼센트 헌신할 수 있을 것만 같았던 푸르른 젊음의 시기가 있었고, 그 대오에서 절대 이탈하지 않고 굳건히 버티리라 믿었던 하얀 순수의 시절이 있었다. 내게는 한순간의 열병처럼 밀려왔다 흘러가버린 '과거시제의 삶', 그런 자기희생과 헌신의 삶을 살고 있는 그녀와 마주하는 일은, 그래서 더욱 감동스러웠고 똑같은 이유로 무척 고통스러웠다. 아마도 내게는 자신이 옳다고 믿는 가치를 위해 살아가는 삶에 대한 동경과 그리움이 아직도 미련처럼 남아 있는 것 같다.

후웨이다씨는 비폭력주의자다. 이스라엘뿐 아니라 팔레스타인도 폭력을 통해서 문제를 해결하려 해서는 안 된다고 이야기한다. 국제적인 여론을 모으고 평화를 지키는 행동들을 조직하는 것이 중요하다고 믿는다. 그래서 그녀는 국제적인 연대를 강화하기 위해 하루도 멈춤 없이 이 나라 저 나라를 떠돌아다닌다. 미국에서 살고 있는 남편과 일 년에 거의 한두 번밖에 만날 수 없고, 그토록 예뻐하는 아이를 아직 갖지 못하고 있고, 매일매일 혼자서 겨우 배를 채우는 형식적인 식사를 거듭하면서도 그녀는 아직 지치지 않았다. 오히려 먹고 싶은 만큼 배불리 먹지도 못하고, 자유롭게 여행하면서 경험을 쌓을 수도 없는 팔레스타인 아이들의 갇혀 있는 현실을 타파하기 위해 그녀의 마음은 항상 바쁘다.

힘든 순간마다 가장 큰 힘이 돼주는 사람은 역시 남편이었다. 팔레스타인에서 평화운동을 하다가 만난 아담씨. 하지만 결혼까지는 숱한 어려움이 있었다. 그가 이스라엘 사람이기 때문이었다. 그녀는 남편과 결혼에 이르기까지, 힘겨웠던 과정들을 이야기하며 살짝 눈물을 비쳤다. 그 순간, 맨몸으로 전쟁터를 오가는 용기 있는 전사의 모습은 사라지고 사랑하는 사람과 소박한 행복을 좇고 싶은 보통 여인의 모습이 엿보였다. 하지만 이내 마음을 다잡은 듯 강한 어조로 이야기를 이어갔다.

"이스라엘 사람들은 아담의 가족을 위협하기도 했고, 아담을 유대인 탈레반이라며 헐뜯었어요. 적과 동침하고 있다고 손가락질하기도 했고요. 하지만 저는 적이 아니에요. 우리 공동의 적은 따로 있어요. 바로 차별과 탄압, 폭력과 살인을 일삼는 사람들이죠."

2002년 두 사람은 어렵게 결혼했지만, 이스라엘 정부는 팔레스타인 인권운동을 했다는 이유로 아담씨를 국외로 강제추방했다. 여자로서 마땅히 누려야 할 행복과 안락한 삶까지 포기한 후웨이다씨. 잠시 그런 의문도 품었다. 도대체 무엇 때문에 이렇게까지 해야 할까. 그 희생이 존경스러우면서도 그녀의 고단한 삶에 대한 안타까움을 지울 수 없었다. 하지만 조심스레 던진 질문에 돌아온 답변은, 그런 생각을 한없이 부끄럽게 만들었다.

"제가 이 싸움을 멈출 수 없는 가장 큰 이유는 자유와 평화가 없는 팔레스타인에서 자라야 하는 아이들 때문이에요. 저는 아이들을 만날 때마다 이야기해요. '차별과 증오로 가득한 팔레스타인이 세상의 전부가 아니다'라고요. '평화롭고 아름다운 행복한 세상이 있다'고요. 아이들이 희망을 잃지 않는 것이 가장 중요하다고 믿기 때문이죠. 언젠가 아이가 생기면 꼭 팔레스타인에서 키울 거예요. 저는 지금 제 아이가 행복하게 살 수 있는 '미래'를 만들고 있는 겁니다."

수백 년 전 아메리카 원주민 이로코이 부족은 "지금 행동에 옮기기 전에 일곱번째 세대를 먼저 생각하라"고 말했다. 당장의 이익보다 일곱번째 세대, 즉 미래에 어떤 영향을 끼칠지 생각하라는 말이다. 후웨이다씨의 싸움은 일곱번째 세대를 위한 준비인 것이다.

그녀의 팔레스타인 문제 해결에 대한 생각들에 100퍼센트 완전히 동의할 수는 없지만, 자신이 옳다고 믿는 바를 실천하기 위해 온몸을 불사르는 그녀의 삶에 대해서는 100퍼센트 완벽한 경의를 표한다. 그리고 누구든 그녀의 삶에 대해 알게 되는 순간, 이스라엘과 팔레스타인의 평화로운 문제 해결에 대해 관심을 가지게 될 것이다. 후웨이다, 그녀는 평화의 또다른 이름이다.

"저는 아이들을 만날 때마다 이야기해요.
'차별과 증오로 가득한 팔레스타인이
세상의 전부가 아니다'라고요.
'평화롭고 아름다운 행복한 세상이 있다'고요.
아이들이 희망을 잃지 않는 것이
가장 중요하다고 믿기 때문이죠."

누구에게나
'그날'은 있다

"당신의 인생에서 '그날'은 언제입니까?"

이 뜬금없고 애매모호한 질문에 대한 답변은 어떤 것들이 있을까. 어떤 사람은 결혼이나 출산, 혹은 졸업같이 특별하게 기뻤던 날을 생각했을 수 있을 것 같다. 연인과 가슴 아프게 이별했던 어떤 날, 돌이키고 싶지 않은 치명적인 실수의 순간, 소중한 사람과 이승에서 작별하고 내내 후회의 눈물을 흘리던 어느 날처럼 아픈 기억을 꺼내든 사람도 있을 것 같다. 아직 경험하지 않은 미래의 어느 날을 꼽아보는 사람도 있을지 모르겠다.

'그날'이라는 단어는 그 모호함과 불분명함으로 인해, 누구에게

나 공통된 의미로 다가가기는 어렵다. 같은 단어에서 누군가는 슬픔을, 누군가는 기쁨을 느낀다. 하지만 그만큼 많은 것을 떠올리게 하는 '열린 단어'이기도 하다. 나는 이 울타리 없는, 선 긋지 않는 개방성이 아주 좋다.

2010년 말부터 2011년 초까지 육 개월 동안 연출을 맡았던 〈시추에이션 휴먼다큐 그날〉은 '그날'이라는 누군가의 특별한 하루를 카메라에 담는 프로그램이었다. 누구에게나 세상을 살다보면 특별한 의미가 부여되는 그날이 있다. 어렵게 가진 아이와 마침내 만나게 되는 출산일일 수도 있고, 힘겹게 걸어다녀야 했던 산골마을에 처음 버스가 들어온 경사스러운 날일 수도 있고, 사랑하는 사람과의 약속을 지키기 위해 결전을 벌이는 긴장된 날일 수도 있다.

기쁨의 날이든 슬픔의 날이든 혹은 감동의 날이든, 자신의 삶에서 절대로 잊을 수 없는 특별한 하루. 누군가에게는 평범할 수 있지만 누군가에게는 기념이 될 만한 하루를 포착하는 것이 프로그램의 기획의도였다. 그렇게 수많은 사람들의 무수한 그날들을 접하면서, 어느 날 문득 나의 그날을 떠올려본 적이 있다.

세 살 터울의 형이 서울대에 합격하던 날이 내 인생의 그날을 가능하게 했던 계기가 됐다. 머리가 좋다는 이야기를 곧잘 듣긴 했지만 공부를 썩 잘하진 못하던 형이, 고3이 되면서 갑자기 공부에 열을

올리더니 급기야 덜컥 서울대에 합격하고 말았다. 서울대라니……
당시만 해도 대학에 진학한 사람도 많지 않을 정도로 평범한(?)
집안에서 서울대 합격은 엄청난 화제이자 대단한 경사였다. 평소 눈
물을 거의 보이지 않던 아버지조차 기쁨의 눈물을 흘리셨다. 부모님
이 그토록 좋아하는 모습을 그 이후로 나는 아직까지 보지 못했다.
정규교육의 혜택을 많이 받지 못하신 분들이기에 그 기쁨이 더욱 컸
을 것이다.

나도 부모님을 기쁘게 해드리고 싶었다. 서울대에 가겠다고 결
심했다. 사실 대학에 진학해서 무슨 공부를 하고, 어떤 인생을 준비
하겠다는 계획은 딱히 없었다. 그냥 부모님을 기쁘게 해드리고 싶다
는 소박한 마음뿐이었다. 하지만 고등학교 진학을 앞둔 내 실력은
그리 번듯한 것이 되지 못했다. 고등학교 진학을 위한 연합고사 성
적이 200점 만점에 172점, 반에서 18등 정도였다. 서울대에 가겠다
는 결심이 서자 구체적인 실천계획을 하나 세웠다. 절대로 TV를 보
지 않겠다는 것이었다. 즉각 부모님께 그 사실을 알렸다.

"저 이제부터 공부만 할 거예요. TV 치워주세요."

당시 나는 코미디 프로그램 마니아였고 게다가 엄청난 야구광
이었다. 모든 야구 중계방송을 빠뜨리지 않고 챙겨볼 정도였는데,
그렇게 일상을 채워주던 TV를 포기하겠다는 대단한(!) 결심을 한 것
이었다. 인생에서 스스로 결단을 내린 최초의 순간이었는데, 이제

와 돌이켜보면 같잖은 '영웅의식'에 빠진 어린 나의 결단은 부모님의 희생을 전제로 한 것이었다. 어머니는 드라마를 즐겨 보셨는데 순전히 나로 인해 삼 년간이나 드라마를 보지 못하셨다. 그 시간들을 어떻게 견디셨을까. 여전히 TV를 친구 삼아 지내시는 어머니를 볼 때마다 감사하고 죄송스러운 마음이 밀려오곤 한다.

아버지의 희생 역시 만만치 않았다. 지금도 마찬가지지만 나는 유독 잠이 많아 밤을 잘 새우지 못한다. 하지만 중간고사, 기말고사 때가 되면 암기과목 시험을 위해 벼락치기 공부로 밤을 새워야만 했다. 언제부터였는지 정확히 기억은 나지 않지만, 시험기간이 되면 퇴근해서 돌아오신 아버지가 내 옆에서 신문을 읽고 책을 보며 같이 밤을 새워주셨다. 왜 그때는 아버지의 그런 행동들이 당연하게만 여겨졌을까. 나도 아빠가 되고 나서부터였을까. 언제부터인지 그때의 아버지, 어머니를 생각할 때마다 저절로 눈물이 고이곤 한다. 그리고 들리지 않는 목소리로 혼자 읊조린다.

고.맙.습.니.다. 아버지. 사.랑.합.니.다. 어머니.

그렇게 삼 년을 보내고, 결국 목표로 했던 서울대에 합격하는 그날이 도래했다. 내가 이날을 인생에서 가장 의미 있는 그날로 생각한 까닭은, 내 삶에서 최초로 목표를 정하고 성실하게 노력해서 무엇인가를 이뤄냈다는 대견스런 과정이 있었다는 사실 때문이다. 그런데 사실 내 그날 속 주인공은 나만이 아니었다. 내게 노력의 힘을 깨닫게 해준 형이 있었고, 내 노력을 묵묵히 응원하고 격려해주신 부모님이 계셨다. 하지만 그때의 나는 오직 나 혼자만이 주인공이라 생각했었다.

우리는 얼마나 자주 '조각'들을 '전부'라 착각해왔던가. 때론 한 사람이 전부처럼 느껴지고, 때론 한순간을 전체라고 여긴 숱한 착각들 말이다.

방송을 만들다보면 어쩔 수 없이 느끼는 한계가 전부를 담아낼 수 없다는 것이다. 길고 긴 인생의 시간에서 이 순간부터 저 순간까지를 잘라서 보여줄 수밖에 없다. 그 순간은 눈부시게 반짝이고 있더라도, 좀더 길게 보면 어두운 그림자가 드리워져 있을 수도 있고 불행의 전조가 숨어 있을 수도 있다. 하지만 카메라는 반짝이는 순간만을 담아내고 시청자는 그 순간만을 바라볼 뿐이다. TV는 보여지는 것 이상을 보여줄 수 없다는 사실이 때론 갑갑하기도 하지만, 그럼에도 〈시추에이션 휴먼다큐 그날〉은 특별한 의미가 있는 프로그램이었다고 생각한다. 비록 길지 않은 특정한 시간을 오려내지만, 어떤 계기 혹은 어떤 시작을 조명했기 때문이다. 방송을 준비하며 나는 누군가의 삶을 송두리째 바꿔놓는 변화의 계기, 누군가의 인생에 소중한 선물을 만들어줄 작은 씨앗을 만날 수 있었다.

내가 만난 그날들은 모두 나름의 의미로 특별히 다가왔지만, 가장 기억에 남는 그날은 평균연령 예순넷의 할머니 삼총사가 초등학교에 입학하던 날이다. 경북 영천시의 고경초등학교는 전교생을 모두 합쳐도 오십 명이 채 되지 않는 작은 학교다. 그런데 몇 해 전 이 학교가 심각한 위기에 봉착했다. 2011년도 취학 가능 아동수가 통틀어 네 명밖에 되지 않는 것이었다. 두 개 학년을 통합해서 운영할 수밖에 없는 상황인데, 이렇게 입학생이 줄어드는 현상은 폐교로 향하는 지름길이었다. 방법이 없을까 고민하던 학교는 마침내 기가 막힌 대안을 찾아냈는데, 그것이 바로 초등학교 문턱을 넘지 못한 어르신들의 입학이었다. 덕분에 일흔한 살의 정화자 할머니와 예순일곱 살의 정갑수 할머니, 그리고 쉰여섯 살의 이명자 할머니로 이뤄진 삼총사가 초등학교 입학의 꿈을 이루게 됐다.

아이템을 찾기 위해 지방신문을 뒤지다가 이 사연을 접한 순간, 당장 달려가 할머니 삼총사를 만나고 싶은 충동이 꿈틀댔다. 그런데 실행으로 옮기기에는 거대한 장애물이 있었다. 사실 방송에서 기피하는 주인공 중 하나가 노인이다. 상대적으로 시청률이 나오지 않는 경향이 있어서인데, 시청률에 울고 시청률에 웃는 방송사로서는 쉽게 지나칠 수 없는 대목이었다. 그 사실을 잘 알고 있음에도 불구하고 이 사연은 꼭 촬영하고 싶었다. 진정 아름답고 용기 있는 도전이라고 생각했기 때문이다.

초등학교 입학이 뭐 그리 대단한 일이라고, 의아해할 사람이 있을지도 모르겠다. 하지만 늦은 나이에 무엇인가를 새로 시작할 결심을 한다는 것, 특히 자신의 상처나 치부를 드러낼 용기를 가진다는 것, 그것은 결코 쉽지 않은 일이며 그렇기에 아름다운 일이라고 생각했다. 한 사람이 자신의 콤플렉스를 과감히 드러냄으로써 껍데기를 깨고, 극복의 노력을 시작하는 순간은 또다른 삶을 살게 되는 중요한 계기가 아닐까.

조직에 몸담은 구성원으로서 조직이 요구하는 바에 부응할 의무, 즉 시청률이 조금이라도 높게 나오도록 해야 할 책임이 있는 것은 분명하다. 하지만 동시에 언론인이고 방송인으로서 우리 사회가 방송에 의해 '세례'받아야 할 건강한 자극들을 만들 의무 역시 가지고 있다. 아이템 하나에 너무 큰 의미를 부여한 것인지도 모른다. 어쨌거나 시청률이 덜 나온다는 걱정 때문에 좋은 아이템을 포기하고 싶지는 않았고, 그렇게 할머니 삼총사를 만나게 됐다.

"다른 거 부러운 거 없어요. 다리('받침'을 이렇게 부르셨다)를 요리조리 쓰는 거 보면 나는 언제 저렇게 해보고 죽나. 이런 생각도 많이 들더라고요. 어떻게 쓰면 되는지 알고 싶은 마음이…… 다리만 쓰면, 나도 배웠으면…… 저렇게 속이 환하도록 써봤으면 좋겠다 싶은 마음이 문득문득 있었어요."

삼총사 중 큰언니인 정화자 할머니는 어린 시절 썩은 감자로 끼니를 때울 만큼 가난한 생활을 했다고 한다. 당장의 생계가 급급한 형편에 학교는 그야말로 꿈에 불과했고, 책보를 곱게 싸들고 학교에 가는 친구들을 볼 때마다 부러움의 눈물을 훔쳐야 했다. 알음알음 눈동냥 귀동냥으로 글을 배운 덕에 읽고 쓰는 데 크게 불편함은 없지만 문제는 받침이었다. 받침이 하나라도 붙어 있으면 한참을 헤매야 했던 그녀는 쓰고 싶은 글을 주저하지 않고 마음껏 써보는 것이 소원이라고 했다. 남들이 생각나는 대로 글을 휘갈기는 것이 그토록 부러울 수가 없는 노릇이었단다. 그것이 초등학교에서 신입생 유치에 나섰다는 소식에 가장 먼저 손을 든 이유였다. 그리고 정화자 할머니의 결심에 정갑수 할머니가 동참했다. 그런데 정갑수 할머니가 초등학교를 다니지 못한 데는 웃지 못할 사연이 있었다.

"어릴 때 아버지가 학교에 안 보내줘서 막 울었어요. 학교 넣어달라고. 그런데 아버지가 너 학교 가면 소 못 먹인다면서. 그래서 학교를 못 갔다니까."

얼마 전 한 개그 프로를 통해 "여자가 ~하면 소는 누가 키우나"라는 말이 유행한 적이 있다. 우리는 박장대소하며 농담으로 받아들인 그 말을 실제로 겪어야 했던 할머니의 이야기를 들으며 괜스레 미안한 마음에 울컥했다. 할머니는 과연 그 프로를 보며 웃으실 수 있었을까. 우리는 얼마나 자주, 그리고 많이 상대에게 의도하지 않은 상처를 주게 되는 것인가라는 생각이 드니, 삶의 녹록지 않음이 짐처럼 무겁게 느껴지기도 했다. 이야기를 나누던 중 할머니가 서랍 깊숙이에서 무엇인가를 꺼내 보여주셨다.

건강생활실천교실 졸업장.

그토록 가지고 싶었지만 가질 수 없었던 졸업장이 너무 탐나서, 육 년 전 보건소에서 받은 졸업장을 소중하게 간직하고 있다고 했다. 누군가에게는 지극히 당연한 것들이 당연하지 않아서 갈구하는 사람들을 만나노라면, 내가 누리고 있는 것들을 다시금 돌아보게 되곤 한다. 지금 내게 당연한 것이 어떻게 당연한 것이 될 수 있었는지를 생각하면, 의식조차 못 하던 것들의 소중함이 새삼 절실해진다.

삼총사 중 막내인 이명자 할머니는 그나마 다른 두 사람에 비해 상황이 좀 나았다. 초등학교를 입학은 했었기 때문이다. 몸이 아파서 3학년 때 중퇴를 해야 했지만, 초등학교 교문을 들어가본 적 없는 다른 두 사람에게는 그 정도라도 충분히 부러움의 대상이었다.

이렇게 각자의 사정으로 초등학교를 다니지 못한 세 할머니의 입학 준비과정을 따라다니며, 사소한 행복이 얼마나 크게 느껴질 수 있는지를 절감했다. 가방을 고르는 할머니들의 상기된 표정, 난생처음 분식집에서 떡볶이를 드시며 "정말 학생이 된 것 같다. 출세한 것 같아. 너무 감동받아가 눈물이 난다"라고 감격하시던 모습, 입학식 전날, 입고 갈 옷을 고르고 혹시 빠진 준비물이 없는지 연신 확인하며 쉽게 잠 못 이루던 모습……

이 표현이 어울릴지 모르지만, 그럴 때의 할머니들은 정말 예.뻤.다.

꿈에 그리던 학교를 다닐 생각에 설레는 하루하루를 보내던 할머니 삼총사와 달리, 이들의 담임을 맡게 된 홍아름 선생님은 걱정이 태산이었다. 당시 나이 스물아홉 살, 신입생 할머니들의 손녀뻘이었다. 호칭은 어떻게 해야 할지, 어린아이들과 어울리는 데 무리는 없을지, 오만 걱정으로 시름에 잠긴 그녀는 결국 할머니 신입생들 연배인 이모님댁을 찾아 조언을 구했다.

"복지관에 가면 돈 안 들고 한글 배울 수 있어서 편타. 그런데도 학교 다니고 싶어서. 학교교육이 받고 싶어서 가시는 거야. 그냥 재밌게 다닐 수 있게 도와드리라."

그랬다. 글을 배우고 싶어서라면 굳이 초등학교가 아니라도 괜찮았다. 할머니들이 한참 늦은 나이에 초등학교 입학을 택한 이유는, 누구나 겪지만 자신에게는 허락되지 않았던 경험을 늦게나마 누리고 싶었기 때문이다. 특별대우는 오히려 서운할 일이었다. 할머니들은 그저 초등학교 1학년, 덜하지도 더하지도 않고 그만큼만 대우받고 싶어했다.

할머니 삼총사가 입학식을 치른 그날, 정갑수 할머니는 막내딸에게 한 통의 편지를 받았다.

"사랑하는 엄마, 그동안 자식들 뒷바라지하느라고 고생 많았지? 정말 고맙고…… 엄마가 있었기에 우리 가족이 이렇게 행복한 것 같아. 평생 가족 뒷바라지하느라 엄마 나이는 어느새 인생의 황혼. 꿈을 잊지 않고 용기를 낸 당신이 정말 자랑스럽습니다."

남사스럽게 무슨 학교냐고, 크게 불편하지도 않은데 그냥 남은 생 편히 사시라고, 혹여나 핀잔을 듣지는 않을지 염려했던 할머니의 눈가가 촉촉이 젖어들었다. 사실 초등학교를 졸업한다고 해서 달라질 것은 아무것도 없었다. 어쩌면 뒤늦은 나이에 괜한 고생을 자처하신 것인지도 모른다. 손자뻘 되는 아이들과 한 교실에서 어울리는 일이 쉽지도 않을뿐더러, 뒤늦은 공부를 따라가기란 결코 만만치 않을 터다.

그럼에도 자신이 해보고 싶은 일에 용기를 내 도전하는 것, 주변의 시선이 아닌 자기 스스로에게 당당하기 위해 노력하는 것, 그 열정은 '예쁘다'는 말로밖에 표현할 수 없었다.

할머니들이 무사히 졸업하실 수 있을지는 모르겠다. 배움의 과정이 예상과는 달라 포기하실 수도 있고, 또 막상 졸업장을 받고 나면 약간은 허탈한 마음을 느끼실지도 모르겠다. 하지만 오십 년 이상 나이 차이 나는 꼬마아이들 틈에서 긴장된 표정으로 입학식을 치르던 할머니들을 보며 그런 생각을 했다.

꿈은 그 자체로 목적이라고. 꿈을 이루는 데 늦은 출발이란 없다고. 꿈을 품는 것만으로도, 그 꿈에 다가가기 위해 노력하는 것만으로도 삶은 이미 충분히 아름다워진다는 사실을 할머니 삼총사의 그날과 함께하며 배울 수 있었다.

다시금 묻고 싶다. 당신의 그날은 언제인지. 그날의 기억이 어떠하든 평생 잊지 못할 하루를 안고 산다는 것은, 삶을 살아가게 하는 큰 힘이 될 수 있다고 믿기에 당신이 그날을 잊지 않고 살아가기 바라며, 나 역시 같은 마음으로 그날을 떠올려본다.

가난은,
가난 때문에
울지 않는다

'국가별 행복지수'라는 것이 있다. 영국 신경제재단NEF이 발표하는, 국민들이 느끼는 행복의 정도를 토대로 한 수치다. 2010년, 세계 143개국 중에서 히말라야의 소국小國 부탄이 1위를 차지, 파란을 일으켰다(대한민국은 68위였다). 부탄 국민의 97퍼센트가 스스로 행복하다고 답했다. 1인당 국민소득 2000달러 수준의 가난한 나라 국민들은 왜 자신들이 행복하다고 느꼈을까. 부탄뿐만이 아니다. 이른바 경제후진국들인 남태평양의 섬나라 바누아투, 중앙아메리카의 코스타리카, 온두라스 등도 행복지수가 매우 높은 나라로 꼽혔다. 한 나라의 경제력 수준이 국민들의 행복과 반드시 일치하지는 않는다는 현실의 웅변이다. 이들 나라들은 공동체 내부에 정치적, 경제적, 사회적 격차와 차별이 거의 존재하지 않는다는 공통점을 지녔다. 또한 부족하지 않게 먹을 것을 제공하는 자연환경이나 이웃 간의 돈독한 유대와 같이, 가난하더라도 최소한의 생활을 영위할 수 있도록 하는 사회적 여건들이 갖춰져 있다. 걱정이 크지 않은, 따라서 고통스럽지 않은 가난들이다.

그러나 사회적으로 보호받지 못하는, 오히려 홀로 내팽개쳐진 가난은, 종종 합병증을 일으켜 그 짊어져야 할 고통의 무게가 우리가 상상할 수 없는 수준에까지 이르게 된다. 보호받지 못한 가난이 낳은 문제들…… 인신매매, 질병, 고아, 가정폭력, 아동노동. 여태껏 프로그램 제작을 위해 수많은 가난들과 그로 말미암은 심각한 문제들을 만났지만, 가장 어처구니없고 가장 분노했던 경우는 바로 '아동 마녀사냥'이었다.

아프리카 대륙의 중심부에 위치한 콩고민주공화국. 여느 아프리카 국가들처럼 내전과 가난의 그림자가 짙게 드리워져 있는 나라다. 2010년 8월 〈김혜수의 W〉 촬영을 위해 수도 킨샤사를 찾았을 때, 그곳에선 어린아이들을 대상으로 잔혹한 퇴마退魔의식이 진행되고 있었다. 고작 다섯 살 남짓한 아이가 퇴마사에 의해 심한 구타를 당하고 있었다. 성인 장정도 버텨내기 힘든 폭력의 근거는 아이에게

깃든 악령을 퇴치한다는 것이었다. 그리고 눈물을 흘리며 자신에게 가해지는 무지막지한 폭력을 속수무책 당하고 있는 아이를 바라보며, 두려움 속에 순서를 기다리는 또다른 아이들이 있었다.

마녀로 지목받는 이유에는 기준이 없었다. 쌍둥이거나 몸이 불편하거나 눈이 유독 크거나 배가 나오거나, 신체적으로 특이하면 아동 마녀로 몰렸다. 심지어 고집이 세거나 자주 생각에 잠겨도 악령이 들렸기 때문이라고 했다. 그렇게 납득할 수 없는 이유로 마녀가 된 아이들은, 날카로운 것으로 찌르고 몽둥이로 때리는 퇴마의식을 받아야 했다. 뜨거운 촛농을 온몸에 떨어뜨리기도 했다. 그런데 참혹하고 잔인한 의식을 견뎌내면 더 큰 고통이 기다리고 있었다. 바로 마녀라는 이유로 거리로 내몰리고 마는 것이다. 마녀사냥을 당하고 집에서 쫓겨난 아이들은 킨샤사에만 무려 이만 명에 달했다.

열한 살 소녀 나오미도 마녀사냥의 희생양이 된 아이였다. 내전으로 부모님이 돌아가신 후, 외삼촌집에 맡겨진 아이는 집안일부터 밭일까지 모두 도맡아하고 있었다. 하지만 외삼촌은 자신이 아픈 이유를 나오미가 마녀이기 때문이라고 몰아세웠다. 심지어는 나오미 부모님의 죽음에 대한 책임까지 전가했다. 가장 사랑하는 이의 죽음이 자신으로 인한 것이라는 손가락질에 아이는 감당할 수 없는 슬픔으로 병들어가고 있었다. 친구들의 놀림과 괴롭힘은 아이의 마음을 할퀴고 후벼파기에 충분했다.

"친구들도 저를 마녀라고 놀려요. 제가 우리 엄마 아빠를 죽였대요."

성숙하지 못한 사회일수록 아이들에게서 가장 야만적인 행태가 나타나곤 한다. 아이들은 자신들이 가하는 언어의 폭력이 얼마나 잔인한 것인지도 모른 채 나오미를 놀려대곤 했다. 하지만 어른들이 벌이고 있는 만행을 고스란히 따라하는 아이들에게 비난의 화살을 돌릴 수는 없는 노릇이다.

콩고민주공화국의 아동 마녀사냥은 역사적인 배경으로부터 비롯된 참극이었다. 내전이 길어지면서 전쟁고아들이 늘어났고, 대부분이 이모나 삼촌 같은 친척들에게 맡겨졌다. 가난에 시달려 내 자식도 제대로 못 먹이고 못 입히는 상황에서 아무리 친척이라도 군식구가 반가울 리 없었다. 내 식구가 살기 위해서는 어떻게든 쫓아내야만 한다는 '무서운 이기심'이 아프리카의 종교적인 특수성과 맞물려 탄생한 것이 바로 마녀사냥이었다. 마녀라는 낙인은 아이를 때리고 굶기고 쫓아내고도, 떳떳할 수 있는 명분이 돼준 것이다.

그 잔혹한 발상을 목격하며 나는 인간이 지닌 이기심의 잔인무도함에 치를 떨어야 했다. '아이가 마녀이기 때문에 내가 아프다, 아이를 쫓아내야만 내가 나을 수 있다'는 확실한 구실을 만들어냄으로써, 혈육을 내팽개친 자신의 무정함을 스스로 합리화하고 추악한 자신의 몰골을 정당화할 수 있는 것이다. 하지만 그렇다고 그들을 마냥 비난할 수만도 없었다. 그들 또한 팍팍한 생계의 굴레 속에서 신음하고 있었기 때문이다. 당장 자신이 굶어죽기 일보 직전인 현실 앞에서, 인간으로서의 기본 같은 것을 고려할 여유란 배부른 사치일 수도 있을 테니 말이다.

분노에 휩싸여 있으면서도 자꾸 그 상황 안으로 나 자신을 집어넣어보게 됐다. 만약 나라면, 내가 그들과 같은 가난을 겪고 있다면, 나는 정녕 그들처럼 행동하지 않으리라 자신할 수 있을까. 가장 기초적인 욕구가 해결되지 않는 가난 속에서, '인간다움'이라는 돈도 밥도 되지 않는 가치를 지키고자 노력할 수 있을까. 결코 쉽게 대답할 수 없는 물음을 안고, 다시 그 풍경을 바라봤을 때 분노는 안타까움으로 변해 있었다.

사실 프로그램이 콩고민주공화국을 찾은 것은 그때가 처음이 아니었다. 두 달 전, 후배 피디가 마녀사냥의 실태를 취재했고 그 촬영본 중 일부에 나오미의 사연이 담겨 있었다. 내가 직접 콩고민주공화국에 발을 디딘 것은 비록 만나지는 못했지만 나오미가 어떻게 지내는지 확인하고픈 마음에서였다. 부모를 죽인 죄인이라는 낙인에 힘겨워하던 아이의 모습이 내내 눈앞에 아른거렸던 탓이다.

하지만 나오미는 어디에도 보이지 않았다. 외삼촌에 따르면 교회에서 의식을 치르고 얼마 후, 말도 없이 집을 나갔다고 했다. 아이는 어디로 가버린 것일까. 그동안 소녀에게 무슨 일이 벌어진 것일까. 걱정스런 마음에 여기저기 수소문을 하며 나오미의 행방을 알아봤다.

마녀사냥으로 인해 쫓겨난 아이들 대부분이 기찻길 근처에서 도둑질과 구걸로 살아가고 있다는 제보에, 서둘러 그곳을 찾았다. 그곳에서 만난 수많은 나오미들의 생활은 충격적이었다. 아이들은 씻을 수 없는 상처와 배고픔과 외로움을 마리화나를 피우며 달래고 있었다. 몽롱해진 눈에서 아이들 특유의 순수함이나 호기심은 찾아볼 수 없었다. 세파에 찌든 어른들의 눈보다 더욱 혼탁하고 희미해진 눈망울은 그들이 겪어낸 삶이란 것이 얼마나 힘겨웠는지를 고스란히 보여주고 있었다.

가난이 앗아간 것은 그들의 꿈이요, 그리고 삶 자체였다. 그들에게 삶이란 그저 하루하루를 버텨내는 것에 다름없었다. 살아도 사는 것이 아닌 삶, 두 눈을 뜨고 바라보는 것만으로도 가슴이 미어지는 현실 앞에서, 카메라를 끄고 싶은 순간이 한두 번이 아니었다.

그런데 기찻길에도 나오미는 없었다. 어렵게 아이를 발견한 곳은 시장 근처. 한 달 넘는 시간을 길에서 지냈다고 했다. 집으로 돌려보내려 했지만 아이의 입장은 단호했다. 그 마음, 이해할 수 없는 바는 아니었지만 길에서 지내게 할 수는 없는 노릇이기에 몇 번을 물었다.

"나오미, 집으로 가자. 그래도 집에서 지내는 게 여기보단 낫지 않겠니?"

"집에는 가기 싫어요. 저는 학교에 가고 싶어요."

아직 판단력이 온전히 갖춰지지 않은 어린아이가 한치의 주저함도 없이 단호하게 결정을 내릴 때는, 그 상처가 얼마나 크고 깊기에 그런 것일까. 결국 나오미의 뜻을 존중해 아이를 한 보호시설에 데려다줬다. 그리고 원장 수녀가 나오미를 안아준 순간, 갑자기 아이가 울음을 터뜨렸다. 내전으로 두 살 때 부모를 잃고 처음 안겨보는 따뜻한 품이었던 것이다. 고작 포옹 한 번에 참아온 눈물을 흘리는 아이를 보면서 생각했다.

'한 번도 누군가가 너를 따뜻하게 안아준 적이 없구나.'

왜 나는 미처 아이를 안아주지 못했을까. 미안함이 통증처럼 내 안에서 꿈틀거렸다. 사람의 마음이란 거창한 위로나 보상이 아니라 소박하고 작지만 진심에서 우러나온 행동에 의해 움직이는 것임을…… 그 간단하고 쉬운 일이 뭐 그리도 어려웠는지, 부끄러움이 밀려왔다.

보호시설에는 나오미와 비슷한 처지의 아이들이 모여 있었다. 십이 년 전 마녀사냥을 당했던 베네딕트 역시 네 살 때 집에서 쫓겨났다고 했다. 이모는 그녀가 마녀이기 때문에 엄마가 돌아가신 것이라며 아이를 집에서 쫓아냈다.

"제가 갈 데가 없어서, 이모집 앞에 계속 서 있었어요. 그런데 이틀 후, 이모는 저한테 사라지라면서 더러운 물을 끼얹었어요."

오랜 시간이 흘러도 지워지지 않는 악몽 같았던 순간들을 그녀는 아직도 또렷이 기억하며 여전히 아파하고 있었다. 가슴속에 문신처럼 새겨진 그 상처를 어쩌면 평생 안고 가야 할지도 모를 그녀에게 어떤 위로의 말도 건넬 수 없었다. '시간이 지나면 잊혀진다'는 위로의 말조차도 겪어보지 못한 자의 허세로 받아들여질까 두려웠다.

사람은 경험한 만큼 인식하기 마련이다. 내가 그 아픔을 어찌 다 이해할 수 있겠는가. 나는 '경험'한 게 아니라 '목격'했을 뿐이니 말이다. 베네딕트의 오른손은 마녀사냥으로 인해 마비가 됐고, 움직이지 않는 손을 의식할 때마다 그날의 기억을 떠올릴 수밖에 없을 터였다.

언젠가 내 어린 아들이 침대에서 뛰어놀다가 뒤로 떨어진 적이 있다. 토요일이었는데, 아내와 함께 아이를 응급실로 데려가면서 무섭고 두려운 마음에 어찌할 줄을 몰랐다. 혹시 잘못되기라도 하면 어쩌나, 온갖 걱정에 온몸이 사시나무처럼 떨리는 순간이었다. 그런데 그것의 수백 배, 수천 배에 달하는 고통과 아픔이 가해지는 순간들을 그 어린아이들이 어떻게 견뎌냈을까. 생각만 해도 가슴이 먹먹해 몸서리를 쳐야 했다. 한편으로 사람은 참 강한 존재라는 생각도 했다. 친구들과 장난을 치며 웃고 떠드는 아이들의 모습에서 고통을 이겨내는 강인함을 엿봤기 때문이다. 하지만 그 밝은 모습 뒤에 깊게 드리운 인생의 그림자는 쉽게 걷히지 않으리라 생각하면 또다시 먹먹함이 밀려들었다.

다행히 나오미는 보호시설에서의 생활이 마음에 드는 듯했다. 그렇게 바라던 학교도 드디어 들어가게 됐다. 또래 친구들처럼 머리도 땋고, 가방도 메고, 교복도 입은 채 학교에 가게 된 아이. 비로소 열한 살 '마녀' 나오미는 가장 평범하고 아름다운 열한 살 '소녀'의 모습을 되찾았다. 나오미의 미소가 한없이 행복해 보였다.

모든 사물은 본래의 제자리에 있을 때 가장 자연스럽고 아름다운 법이다. 무엇이라도 자기 자리에서 벗어나 있을 때, 보는 사람이나 스스로에게나 불편하고 아슬아슬하기 마련이다. 아이들이 제 나이에 맞게 생각하고 행동할 수 없는 것만큼 안타깝고 가슴 아픈 일도 없는 듯하다. 제 나이의 자리로부터 벗어나 있는 세상의 수많은 나오미들이 자기 자리로 돌아갈 수 있도록 힘쓰고 노력하는 것, 세상의 모든 어른들이 반드시 풀어야 할 숙제다.

또래 친구들처럼 머리도 땋고,
가방도 메고, 교복도 입은 채
학교에 가게 된 아이.
비로소 열한 살 '마녀' 나오미는
가장 평범하고 아름다운
열한 살 '소녀'의 모습을 되찾았다.

다큐 피디로
산다는 것

2005년 6월의 어느 날 아침, MBC 일층 현관에서 나는 한 '정치 거물'을 영접했다. 그 거물 정치인은 국민의 정부하에서 국회의장을 지낸 다선 국회의원 출신. 그에게 감히 내가 인터뷰를 요청했고, 그가 요청에 응해 전격적으로 MBC를 방문한 것이다. 내가 그에게 인터뷰를 요청한 내용은 '귀하의 손자가 한국과 미국의 이중국적 상태였다가 한국 국적을 포기하면서 병역을 기피한 것으로 보이는바, 이에 대한 입장을 밝혀달라'는 것이었다. 처음 인터뷰를 요청하기 위해 전화를 걸었을 때, 그는 깜짝 놀라 당황했고 곧 MBC를 방문해 입장을 표명하겠다고 했다.

나는 〈PD수첩〉 '국적 포기 이십오 년, 병역기피의 역사'를 제작하기 위해 국적 포기자 사천여 명의 명단을 입수, 부모와 조부모를 역추적했다. 적지 않은 시간과 인원을 동원해 수행한 추적의 결과물은 충격적이었다. 이른바 한국 사회의 지도층이라 불릴 만한 정치인, 고위공무원, 국공립대 교수, 심지어 군장성 들까지 쏟아져나왔다. 그들은 미국에서 아이를 낳아 이중국적 상태를 만들고, 그중 남자아이는 만 열일곱 살이 되는 해에 한국 국적을 포기시켜 병역의 의무로부터 벗어나게 했던 것이다. 그들을 일일이 찾아가 만나서 입장을 듣고자 했다. 다양한 반응들을 보였다. '노 코멘트'에서부터 '전면 부인' '구구절절 사연 설명', 그리고 '문전박대'까지.

국회의장 출신의 노신사는 나와 어색한 악수를 나눈 후, 인터뷰에 앞서 내가 속한 시사교양국장을 만나겠다고 했다. 그는 당시 국장이었던 최진용 피디와 차를 마시며 불편한 심기를 점잖게 표현했다. 하지만 최진용 국장은 단호하게 응대했다.

"담당 피디가 엄정하게 여쭐 겁니다. 협조해주십시오."

바로 인터뷰를 했다. 나는 '사실'에 입각해서 질문했고 '객관적'으로 판단해서 방송에 담았다. 방송에는 우리 사회의 고위층들이 많이 포함됐다. 그리고 그들이 '노블리스 오블리제 noblesse oblige'를 외면한 모습은 시청자들의 거대한 분노를 야기했다. 결국 들끓는 여론은 법 개정으로까지 이어져 그해 12월에 '재외동포법 개정안'이 국회를 통과했다.

〈PD수첩〉은 법과 제도의 개선을 낳기도 했고 여론의 지형을 변화시키기도 했다. 방송이 가진 위력을 새삼 느낄 수 있는 시간이었고, 내가 하는 일이 우리 사회의 건강한 발전에 기여하고 있다는 생각에 뿌듯함도 품었다. 최초에 내가 방송 피디가 되겠다고 마음먹었을 때 그려봤던 피디의 상이 구현되는 듯했다. 시대와 역사에 대한 사명감과 정의감으로 충만했던 내 안의 푸른 청년이 오랜 동면을 깨고 튀어나온 것처럼, 나는 밤낮없이 지치지 않고 열심히 일했다.

'각하의 빚 1890억' 편을 통해서는 전두환 전 대통령이 추징금 1890억원을 미납하면서 자신의 재산은 단돈 29만원뿐이라고 말한 것과 관련, 가족명의로 된 막대한 재산을 추적해냈다. '버려지는 장애아, 천륜을 끊는 이유' 편을 통해서는 장애인 자녀를 둔 가정의 고통에 대해 살피고 그 대책에 대해 고민해봤으며, '내 목숨을 헛되이 말라' 편에서는 할복자살한 농민운동가 고 이경해씨의 삶을 통해서 위기에 처한 한국 농업의 실태를 점검해봤다. 또 '현장검증, 김형욱 양계장 암살사건' 편에서는 김형욱 전 중앙정보부장을 프랑스 파리 근교의 양계장에서 사료분쇄기에 넣어 살해했다는 북파공작원 출신 인사의 주장을 일본에서부터 프랑스까지 동행하면서 취재, 역사적 미제사건에 대한 검증을 시도하기도 했다. '17대 국회의원 윤리보고서' 편을 통해서는 여야를 떠나 국회의원들이 등한시하고 있는 도덕적, 윤리적 문제를 따져보기도 했다.

정말로 신나게 일했다. 사 주에 한 번 방송하는 간격이 너무 멀게 느껴질 정도로 그때의 나는 워커홀릭이었다. 그러던 9월의 어느 날, 최진용 국장이 나를 호출했다.

"〈PD수첩〉 재미있냐?"

나는 질문이 끝나기도 전에 대답했다.

"당연하죠."

"그런데 네가 다른 임무를 맡아줘야겠다."

전혀 예상하지 못한 이야기가 흘러나왔다.

"새로운 프로그램을 기획하려 하는데, 장르는 휴먼다큐멘터리야. 해볼래?"

아무런 답을 내놓을 수가 없었다. 너무나 갑작스런 제안이기도 했고 당시 나는 〈PD수첩〉을 한창 즐기고 있었기 때문이다. 생각할 시간을 요청했다. 그리고 며칠간의 고민 끝에 국장의 제안을 받아들였다. 사실, 새로운 프로그램을 개발하는 일은 엄청나게 고통스러운 시간을 동반하지만, 성공했을 경우 느끼는 만족감이 워낙 커서 승부를 즐기는 유형의 피디에게는 해볼 만한 도전이다.

개인적으로는 2001년 〈타임머신〉이 출범할 때, 그 스릴을 느껴본 경험이 있었다. 당시 〈타임머신〉은 파일럿 프로그램이 막 성공한 단계였는데, 그것을 정규 프로그램으로 안착시켜야 하는 중요한 시기였다. 나는 다른 두 명의 피디와 함께 '강제징집'돼 삼 주 간격으로 방송을 하게 됐다. 첫 방송의 시청률이 12퍼센트 정도였는데, 그 후로 15퍼센트, 17퍼센트, 20퍼센트, 23퍼센트, 25퍼센트, 28퍼센트…… 정말 비약적인 발전을 거듭하는 성공을 이뤘다. 그때 느껴봤던 짜릿함의 유혹을 물리칠 수가 없었던 것이다.

네 명의 피디가 모였다. 윤미현 피디, 홍상운 피디, 나, 그리고 김현철 피디. 두 명의 선배와 한 명의 후배. 나름 '한 스타일'씩 하는 피디들이었고 자존심도 센 사람들이었다. 우리에게 맡겨진 임무는 '휴먼다큐 명가의 자존심 회복'이었다. 사실, MBC는 1980년대 이래로 〈인간시대〉라는 프로그램을 통해 대한민국 휴먼다큐멘터리의 본가이자 명가로 자리매김했었다. 그런데 2000년대 들어서 그 명성이 허물어지기 시작했고, 그 틈을 타서 KBS가 〈인간극장〉이라는 새로운 형식의 휴먼다큐멘터리를 개발, 주도권을 빼앗아간 상황이었다. 하나의 사연을 일주일에 한 시간 방송하고 마는 〈인간시대〉에서, 미니시리즈 포맷을 차용해 매일 삼십 분씩 닷새 동안 연속해서 방송하는 〈인간극장〉으로의 변화는 분명한 발전이었다. 이야기 구조가 훨씬 더 탄탄해지고 매력적으로 변모했다.

우리는 거기서 한 발짝 더 나아가기를 요구받은 것이었다. 네 명의 피디가 머리를 모았고, 긴 토론 끝에 합의된 바는 '장기 휴먼다큐멘터리'였다. 마치 자연다큐멘터리처럼 일 년 가까운 시간을 들여서 촬영하는 휴먼다큐멘터리. 회사로서는 썩 내키는 결정은 아니었다. 왜냐하면 한 피디가 한 달마다 한 시간짜리 프로그램을 만들어내기도 하는데, 일 년에 걸쳐서 한두 편을 만들겠다는 생각은 기회비용을 따져볼 때 쓴 입맛을 다시게 하는 것이기 때문이었다. 하지만 공영방송은 그래야 한다. 더 수준 높은 프로그램을 위해서라면, 비용 계산에 골몰하기보다는 과감하게 투자할 줄 알아야 한다.

'누구의 삶에도 드라마는 있다. 따라서 긴 촬영시간을 통해서 그 드라마를 포착해내, 깊은 감동의 다큐멘터리를 만들자'라는 모토로 네 명의 피디가 움직였고, 마침내 2006년 5월 가정의 달 특집으로 네 편의 휴먼다큐멘터리가 〈휴먼다큐 사랑〉이라는 타이틀로 방송됐다. 내가 준비한 '너는 내 운명' 편은 5월 3일 밤 11시 5분에 전파를 탔다. 혼신을 다해 만들었다고 자부했지만, 시청자들의 반응은 어떻게 나올지 알 수 없는 상황. 아무도 걸어가본 적 없는 새로운 길이기에 맞는 길인지, 틀린 길인지 미리 판단할 수 없는 상황이었다.

TV에 '끝'자가 뜨고 나서야 홈페이지 게시판에 살금살금 들어갔다. 그리고 게시판 문을 연 순간부터 나는 정신을 차릴 수가 없었다. '깊은 감동을 받았다'는 시청후기들이 봇물 터지듯 올라오고 있었다. 부동자세로 컴퓨터 앞에 앉아 글들을 읽기 시작했다. 하나 읽고 목록으로 돌아가면 수십 개의 글들이 새로 올라와 있는 식이었다. 그렇게 읽기 시작한 게 어느새 새벽 3시가 훌쩍 넘어섰다. 천여 개의 후기가 한결같이 '뜨거운 가슴'으로 쓴 것들이었다.

"아내와 아무 말 없이 봤습니다. 끝나고 손을 잡았습니다. 그리고 안았습니다. 정말 사랑하며 살겠습니다. 감사합니다."

"자고 있는 아이들을 봤습니다. 그동안 아이들 때문에 힘들다고 계속 짜증만 냈는데, 저렇게 사랑스런 천사들과 함께 있는 지금이 행복하다는 것을 느끼게 됐습니다. 감사합니다."

"의미 없이 사는 나날들이었습니다. 그들의 뜨거운 사랑 앞에 부끄러워졌습니다. 내 인생을 되돌아보게 됐습니다. 다시 시작하겠습니다."

나는 글들을 읽으며 벅차오르는 가슴을 주체하지 못해 몇 번 심호흡을 해야 했다. 내가 만든 프로그램이 세상을, 사람을, 삶을 변화시키고 있었다. 누군가의 인생을 되돌아보게 할 수 있다는 사실이 놀라웠다. 가히 '혁명적'인 느낌이었다. 〈PD수첩〉이 세상을 변화시키는 것은 당연히 예상할 수 있는 일이지만, 〈휴먼다큐 사랑〉이 불러일으킨 변화는 전혀 예상하지 못한 것이었기에 더 큰 감격과 흥분을 야기했다. 프로그램을 통해 사람들의 마음에 온기를 불어넣어준 것이었다. 그리고 그 마음들이 긍정의 변화로 꿈틀거리게 만든 것이었다. 그래서 우리 사회의 건강이 증진되고, 세상의 온도가 0.1도 따뜻해지도록 만든 것이었다.

〈휴먼다큐 사랑〉은 성공했다. 두번째 시즌을 다시 할 수 있을지 걱정하던 게 엊그제 같은데 벌써 칠 년째 이어오고 있다. 이제는 두 자릿수 시청률의 보증수표가 됐고, 게시판은 감동의 시청후기로 넘쳐난다. 〈PD수첩〉이 우리 사회의 이성과 논리적으로 대화하며, 법과 제도의 변화를 통한 건강한 사회로의 진전에 기여하는 프로그램이라면, 〈휴먼다큐 사랑〉은 우리 사회의 마음과 감성적으로 속삭여서, 관계의 온도를 높이고 가정의 공기를 훈훈하게 만들어 따뜻한 사회로 나아가는 데 이바지하는 프로그램이다. 어느 프로그램이 더 우월하다고 말할 수 없다. 모쪼록 두 프로그램이 아름다운 조화와 균형을 이루어 우리 사회가 '사람이 사람답게 사는 세상'이 되는 데 크게 힘을 보탤 수 있었으면 하는 소망을 품어본다.

20대의 나는 마음에 혁명을 품었었다. 세상을 금방 바꾸어놓을 수 있을 줄 알았다. 거대하게 생각하고 과격하게 행동했지만, 생각도 어설펐고 방법도 서툴렀다. 무엇 하나 이룬 게 없었다.

40대의 나는 안다. 세상은 쉽게 바뀌지 않지만 꾸준하고 질기게 노력하면 조금씩은 움직인다는 것을. 그리고 TV가 강력한 혁명의 무기가 될 수 있음을. 사람의 마음을 바꾸는 혁명, 관계의 올바름을 모으는 혁명, 세상의 부조리를 닦아내는 혁명…… 나는 오늘도 TV에 혁명을 담는다.

Part 4

나는 아직도 사랑이 아프다

아무리 겪어도 익숙해지지 않는 것이 있다면
사랑, 그리고 사람이 아닐까.
수많은 사랑들을 마주해왔지만 나는 아직도 사랑이 아프다.
수많은 사람들을 만나왔지만 나는 아직도 사람이 어렵다.
하지만 그럼에도 그 수많은 사랑과 사람 들에게서
나는 살아갈 힘을 얻었고, 살아가는 방법을 배웠다.

사백삼십 일의 고군분투 끝에 얻은 이름

커다란 눈망울의 아이가 쑥스러운 듯 쭈뼛거리며 내 앞으로 걸어왔다. 검다고 하기에는 누렇고, 누렇다고 하기에는 검은 피부색을 가진 아이의 입에서 서툰 한국말이 흘러나왔다.

"아…… 안녕하세요."

한마디 인사를 건네고는 해맑게 웃는 여자아이. 이제 고작 다섯 살인 아이는 자신에게 드리운 그늘이 무엇인지, 자신을 향한 사람들의 시선이 어떤 것인지 짐작조차 못 하는 듯했다. 혼혈아, 사생아 같은 편견의 단어가 아직 아이의 인생사전에는 등재되지 않은 것 같았다. 그 '티 없이 맑음'에 절로 미소가 번졌다. 그것이 다행이면서, 그것이 안쓰러웠다. 시간이 흘러 아이가 원하든 원하지 않든 그 단어들이 자신을 수식하게 될 때, 아이는 지금처럼 웃을 수 있을까.

그것이 아직 '자신이 아는 세상'만을 살고 있는 아이 지현이와, '그녀가 모르는 세상'까지 염려하는 나의 첫 만남이었다.

2010년 9월 〈김혜수의 W〉 특별기획 3부작 '슬픈 대륙의 아이들'을 준비하며, 서아프리카의 작은 나라 라이베리아를 찾았다. 대서양과 맞닿아 있는 이 나라는 아름다운 자연환경을 가지고 있지만 그 수려한 경관 뒤에 아픈 상처를 지니고 있기도 하다. 십사 년의 내전이 남긴 여파로 인해, 실업률이 무려 85퍼센트에 달하는 세계 최빈국 중 하나라는 점이 우선 그렇다.

하지만 가난한 형편보다도 더욱 그들을 슬프게 하는 것은, 삼백삼십만 인구 중 무려 10퍼센트에 달하는 숫자가 혼혈이라는 사실이다. 그중에는…… 한국계도 상당수 있었다.

1984년 라이베리아의 수도 몬로비아에 우리나라 대기업 계열의 건설사가 진출했고, 사 년여의 공사를 거쳐 몬로비아에서 시에라리온의 수도 프리타운을 잇는 고속도로가 완성됐다. 그리고 그 길을 따라 한국계 사생아들이 하나둘 태어나기 시작했다. 아이들이 혼혈아 외에 사생아라는 수식어까지 가져야 했던 이유는 일을 마친 생부가 대부분 홀로 한국으로 돌아갔기 때문이다. 아이들은 아버지의 얼굴조차 본 적이 없다고 했다. 추하고도 부끄러운 한국인의 자화상을 목격한 며칠, 나는 때론 고개를 떨궜고, 때론 분노했으며, 때론 아파해야 했다.

검은 피부, 하지만 우리와 무척 닮은 아이들…… 축구선수 박지성씨를 쏙 빼닮은 열여덟 살의 제퍼슨은 학비가 없어 열 살에야 간신히 학교에 들어갔지만 그나마도 얼마 다니지 못하고 몇 해째 학교를 쉬고 있었다. 등록금을 마련하지 못한 탓이었다. 혼혈이 많은 나라임에도 불구하고 그를 향한 시선은 냉랭했고, 그는 늘 죄인처럼 고개를 숙여야 했다. 단지, 한국계 혼혈이라는 사실이 그의 고개를 땅으로 향하게 했다. 라이베리아에서 한국은 무책임의 다른 이름이었고, 한국계 혼혈아는 버려진 아이들로 치부됐다.

제퍼슨의 어머니 미아타씨가 아들을 낳은 것은 고작 열다섯 살의 일이었다.

"심인가, 킴인가. 트럭에 자갈을 싣고 운반하는 일을 한다고 했어요. 그가 제 새아버지에게 돈을 줬고, 제게도 그 돈을 주려고 했는데 거절했어요. 전 무슨 일인지 몰랐는데 그는 제게 아주 잘 대해줬고 우리 사이에 있었던 일은 어머니에게 비밀로 했어요."

그녀가 제퍼슨을 낳았을 때, 새아버지와 같은 회사에 다니던 심씨는 이미 한국으로 돌아간 후였다. 그녀는 혼자서 장사를 하며 번 돈으로 아이를 키워야 했고, 아이는 이름조차 모르는 아버지를 그리워하며 자라야 했다. 하지만 그럼에도 제퍼슨은 한국이 좋다고 했다. 오직 자신이 한국인이라는 이유 하나로.

"박지성을 보면 기분이 좋아요. 그가 축구를 잘하고 한국 축구 선수니까요."

자신이 짊어진 삶의 무게와 삶에 드리운 어두운 그늘이, 자기가 한국계 혼혈이라는 사실 때문인지도 모르는데, 그는 밝은 미소로 한국에 대한 애정을 드러냈다. 나로서는 이해하기 힘든 일이었다. 하지만 그의 친구들 사이에서도 인기 있는 맨체스터유나이티드(지금은 QPR로 이적했다)의 박지성 선수가 한국인이라는 데서 느끼는 자부심과 높은 빌딩이 많다는 한국에 꼭 가보고 싶다는 소원을 통해서, 그가 현재의 열악한 삶을 탈출하고 싶다는 열망을 한국에 대한 동경으로 드러내고 있다는 생각이 들었다.

이제는 네 아이의 엄마가 된 스물세 살의 나피씨. 가족조차 그녀의 탄생을 환영하지 않았다. 미운 오리새끼처럼 차별과 구박에 시달리던 그녀는 결국 열 살도 채 되지 않은 나이에 집을 나왔다. 가출 후 그녀는 거리를 떠돌며 껌과 사탕을 팔아 연명했고, 미혼모가 됐다. 기댈 곳 하나 없는 그녀는 만난 적도 없는 아버지가 언젠가 자신을 찾아와줄지도 모른다는 희망에 기대 하루하루를 버텼다. 하지만 아마도 그녀가 아버지를 만날 일은 없을 것 같다. 지난 이십여 년간 라이베리아로 아이들을 찾아온 친부는 단 한 사람도 없었다고 한다.

처음 이들, 한국계 혼혈아들을 만났을 때는 무책임하게 아이들을 남기고 떠나버린 정체불명의 남자들에게 화가 났다. 자신의 혈육을 뒤로한 채 떠나버린 그 냉혹함에 분노가 일었다. 누구나 실수는 할 수 있지만, 실수에 대한 책임을 지지 않는 것은 죄악이기 때문이다. 하지만 과연 그들만의 잘못일까. 나는 정말 그들 앞에 떳떳할 수 있을까.

"우리는 사회에서 버려진 기분을 느껴요. 한국 사람들이 우리에게 전혀 신경을 쓰지 않기 때문이죠."

한 혼혈아와의 인터뷰중, 미처 인지하지 못한 이야기를 들었다. 그랬다. '자기 욕망을 불사를 때는 언제고 그 책임은 지지 않다니, 사람이 할 짓인가'라며 혀를 끌끌 차면서 개인의 책임으로 한정짓는 것 역시 또다른 무책임이었다. 대부분의 한국계 혼혈들은 어떤 지원이나 관심도 받지 못한 채 생활고에 시달리고 있었다. 아이가 원할 경우 시민권을 주는 미국이나 정부 차원에서 경제적으로 지원해주는 레바논과는 극명하게 대조되는 부분이었다. 한국 정부는 한국계 혼혈들에 대한 실태조사조차 하지 않고 있었다. 그리고 인터뷰를 위해 만난 한 여성단체 의장은 내 수치심에 쐐기를 박았다.

"당신 국가의 국민들이 라이베리아에서 일하다가 혼혈아를 남기고 갔다면, 그들 또한 한국인인 것입니다."

경이적인 속도로 커져가는 경제규모와 선진국 담론의 홍수가 대한민국의 현재지만, 국제사회의 일원으로서 마땅히 해야 할 일들조차 제대로 지켜나가고 있지 못한 것 또한 우리의 현실이다. 인터뷰중 만난 아이는 '한국 사람들'의 무관심을 말했지만 이런 사실을 모르는 '한국 사람들'이 대부분이고, 알게 된다면 어떻게든 도와줄 '한국 사람들'이 틀림없이 있을 것이라고 생각했기에 더더욱 방송에 대한 사명감이 용솟음쳤다.

하지만 그 당시의 나는 아이들의 눈을 똑바로 쳐다볼 수 없었다. '한국 사람'이라는 부끄러움으로……

입안 가득 모래를 문 것 같은 씁쓸함을 품은 채, 마지막으로 만난 취재원이 바로 지현이와 그녀의 엄마 크리스티나씨였다. 2004년 스물두 살의 여승무원 크리스티나씨는 비행기 안에서 40대 이혼남인 지현이의 아빠를 만났다고 했다. 남자가 사업을 위해 그녀를 이용한다는 소문도 있었지만 그녀는 그를 진심으로 사랑했고 전적으로 믿었다. 하지만 크리스티나씨가 지현이를 임신한 지 얼마 되지 않아 한국으로 돌아간 남자는 이내 연락을 끊어버렸다. 석 달 동안은 양육비를 보내주기도 했지만 그것도 잠시, 태어난 지 석 달 만에 아이는 아빠의 뇌리에서 지워졌다.

마냥 기다릴 수만은 없었던 크리스티나씨는 2008년 말 그를 찾기 위해 한국을 방문했다. 처음에는 석 달을 예정했지만 남자의 행방을 찾지 못해 체류는 한없이 길어졌고, 체류비를 벌기 위해 임시로 공장에 취직했다. 그렇게 공장에서 일하며 버틴 지 반 년 만에야 간신히 그를 만날 수 있었다. 예전의 따뜻하고 상냥한 그가 아니었다. 이미 재혼해서 새로운 가정을 꾸린 그는 지현이의 존재를 인정하지 않았고 결국 법적 소송까지 가야 했다. 일 년에 걸친 소송 끝에 가까스로 지현이의 한국 국적을 취득할 수 있었다.

지현, 한국에서는 흔하디흔한 이름 중 하나인 그 이름을 딸에게 안겨주기 위해 크리스티나씨가 벌인 사투의 시간은 무려 사백삼십 일이었다. 하지만 이후에도 달라진 것은 아무것도 없었다. 남자는 양육비 한 번 보내주지 않고 다시 연락을 끊어버렸다. 오랜 고생이 허무하진 않을까, 조심스레 그녀에게 물었다.

"어렵게 국적을 취득했는데, 아무것도 달라진 게 없잖아요. 괜한 고생을 한 것 같진 않아요?"

"아니요. 지현이는 크면서 아빠에 대해 많이 물었어요. 저는 그가 딸에 대해 상관하지 않는다고 얘기한다는 것 자체가 부끄럽고 슬펐죠. 그런 게 제 가슴을 아프게 해서 저를 한국으로 가게 만든 거예요. 한국 국적을 얻기 위해서가 아니라, 제 아이에게 아버지라는 사람이 있다는 것을 보여주고 싶었어요."

부모의 존재는 세상에 태어나는 순간, 일반적으로 갖춰지는 조건이다. 하지만 지현이는 그 기본적인 조건을 갖추지 못한 채 태어났고, 단지 아버지가 있다는 사실을 알기 위해서 긴 싸움을 벌여야 했다. 기본적인 것의 결여, 그것은 사람을 더 아프게, 더 힘들게 한다. 행복은 어쩔 수 없이 상대적인 성향이 강해, 누구나 가지고 있는 것이 내게만 없다는 사실은 박탈감을 더욱 크게 만드는 법이다.

결국 크리스티나씨는 목적한 것을 이뤄냈다. 난생처음 찾은 타지에서, 의지할 사람도 없이 혼자서 싸워온 그녀의 초인적인 노력에 절로 감탄을 연발했지만, 그녀는 '엄마로서' 당연한 일을 했을 뿐이라고 했다. 아울러 그 과정에서 그녀가 느낀 한국에 대해 할 말이 많은 듯했다.

"한국 정부가 사람들에게 세계의 모든 사람들이 섞일 수 있다는 관념을 가르쳐야 해요. 문화는 섞일 수 있고, 혼혈 한국인도 일반 한국인과 같은 권리가 있다는 사실을요. 꼭 피부가 하얄 필요 없이, 조금 검더라도 그가 한국인으로서 권리가 있다는 사실을요."

그 이야기를 듣는 순간 다시, 입안의 모래가 서걱거렸다. 끄집어낼수록 아프기만 한 우리의 현실, 들춰볼수록 부끄러운 자화상. 하지만 그것이 바로 내가 이 방송을 결정한 이유이기도 했다. 나는 라이베리아의 '검은 한국인들'을 반드시 한국에 알려야겠다고 결심했다. 예쁘고 따뜻하고 착한 이야기만 세상을 아름답게 만드는 것은 아니다. 오히려 어둡고 불편하고 못생긴 모습들을 솔직하게 꺼내 놓고 거기에 대해서 진지하게 이야기할 때, 건강한 사회로 나아가는 데 있어 시간낭비를 줄일 수 있다고 생각한다. 그래서 나는 미안하고 부끄러운 마음이 밀려올수록 카메라를 든 손에 더욱 힘을 줬다. 내가 단순히 개인적인 느낌으로 간직하지 않고, 사회적으로 이야기를 풀어낼 수 있다는 사실에 감사하면서. 우리 사회가 성숙해지는 데 작은 벽돌 하나를 놓고 있다는 긴장으로 촬영을 이어갔다.

내가 꿈꾸는 세상의 얼굴 중 하나는 '조화'일 것이다. 흑과 백이 서로를 경계하며 각을 세워 대립하는 세상이 아니라, 흑과 백이 서로를 인정하고 조화를 이루는 세상. 그런 세상이 오면 지현이 같은 아이들이 그 맑은 눈동자에 슬픔을 담는 일은 줄어들지 않을까. 그렇게 분노와 수치, 미안함과 안타까움, 그럼에도 다행스러움과 책임감이 교차하며 촬영은 마무리됐다.

지현이를 다시 만난 건 2010년 12월, 크리스마스를 열흘 앞둔 어느 날이었다. 〈시추에이션 휴먼다큐 그날〉의 아이템을 고민하다가 지현이가 꼭 아빠를 만날 수 있으면 좋겠다는 크리스티나씨의 간절한 바람이 떠올랐고, 그녀와 지현이를 한국으로 초대했다. 나흘이나 걸린 긴 여정, 지구 반 바퀴를 돌아 찾아온 아빠의 나라. 다섯 살 아이가 감당하기에는 너무 긴 여행이었는지, 라이베리아에서 수

엷은 미소로 우리를 맞았던 지현이는 굳은 얼굴로 좀처럼 입을 열지 않았다. 태어나서 한 번도 더운 아프리카를 떠나본 적이 없는지라 한국의 매서운 추위에 놀란 것도 같았다.

하지만 역시 아이는 아이였다. 바로 다음날부터 지현이는 태어나서 처음 보고 처음 만지는 하얀 눈을 신기해했다. 눈밭을 뒹굴고 눈을 뭉치고 눈과 함께 놀면서 어느새 아이의 얼굴에 먹구름이 걷혔다. 난생처음 가본 놀이공원에서는 종일 신이 나 지칠 줄 모르고 뛰어다니기도 했다. 하지만 언제까지 놀러다닐 수만은 없는 노릇. 입국한 지 며칠 후부터 크리스티나씨는 직접 지현이 아빠를 찾아나섰다. 한국에 들어온 직후부터 그에게 수차례 전화했지만 연결되지 않았고, 속절없이 시간만 흘려보내면서 전화기만 붙들고 있을 수는 없다고 생각한 모양이었다.

처음 찾은 곳은 몇 년 전 한국에 왔을 때 지현이 아빠가 있었던 사무실이었다. 하지만 이미 그곳에는 다른 사무실이 들어선 지 한참이 지났다고 했다. 그와 연결된 두 가지 끈, 전화번호와 사무실 주소가 모두 무용지물이 되자 크리스티나씨는 막막함에 한숨을 내쉬었고 지켜보는 나 역시 답답하기만 했다. 마지막으로 남은 희망은 문자메시지였다.

'크리스티나예요. 지현이와 한국에 왔어요. 지현이가 당신을 보고 싶어해요. 이 번호로 전화 좀 주세요.'

그의 전화번호가 바뀌지 않았다는 실낱같은 희망에 기댈 수밖에 없었다. 모르는 번호라서 일부러 전화를 받지 않는 것이라는 막연한 믿음을 품는 수밖에 없었다. 그녀는 아무리 아이의 존재를 부정하고 책임지지 않으려 하는 아버지라 하더라도, 딸아이가 한국에 와 있다는 사실을 알게 된다면 모른 척하지만은 않을 것이라는 기대를 가진 듯했다. 확신할 순 없지만 그마저도 버린다면 어떤 희망도 없었다. 그렇게 두 시간쯤 지났을까. 마침내 전화벨이 울렸다. 지현이 아빠였다. 아이가 태어나 처음으로 아빠의 목소리를 듣는 순간이었다.

그날 지현이는 잠을 이루지 못했다. 내일이면 드디어 아빠를 만날 수 있다는 기대감 때문만은 아니었다. 아이는 엄마와 함께 밤을 지새우며 연습, 또 연습했다. 아빠에게 건넬 첫 한국말 인사였다.

"보고 싶었어요."

"잘했어, 지현. 한 번만 더 해보자."

"아…… 아빠, 보고 싶었어요. 살랑해요."

아빠를 만나기 위해 필요했던 오 년이란 시간. 하지만 부녀의 상봉은 그리 아름답지도 극적이지도 않았다. 제아무리 피로 이어진 부녀지간이라 하더라도 떨어져 지낸 시간만큼의 어색함과 낯섦이 공기를 채웠다. 아이의 존재가 또다른 금전적 부담으로 느껴질 수밖에 없는 남자와 그런 남자가 원망스럽고 서운한 여자, 그 날카로운 대립 속에서 그나마 아빠를 만났다는 즐거움에 미소짓는 지현이만이 유일한 온기였다. 복잡한 과거사와 미묘한 현재상황을 떠나서, 아빠를 그저 아빠로만 받아들이고 그윽한 눈길로 바라보는 아이의 순수함은 따뜻한 기운으로 냉랭한 방 안을 데우고 있었다.

한 달을 염두에 두고 한국행을 택했던 모녀는 한 달을 넘기고 일년이 지난 지금도 한국에 머물고 있다. 크리스티나씨는 라이베리아에 비해 교육환경이 훨씬 좋은 한국에서 지현이를 키우고 싶다고 했다. 다행히 방송 후 그들을 알아보고 호의를 베푸는 사람도 꽤 있다고 했다.

얼마 전 그들을 만나 식사를 함께했다. 메뉴는 지현이가 원하는 삼겹살. 처음 한국에 왔을 때는 김치를 입에 넣자마자 뱉어내던 아이가 이제는 밥에 김치를 척척 얹어 먹는 모습이 대견스러웠다. 한국말도 부쩍 늘어, 밥을 먹는 내내 끊임없이 요즘의 일상과 관심사를 종알대기 바빴다.

그런 지현이의 곁에, 여전히 아빠는 없었다.

그를 탓하고 싶지는 않다. 그의 여러 사정들을 이해해서라기보다는 그를 비난할 시간에 차라리 내가 할 수 있는 일들을 생각하는 편이 훨씬 생산적이고 효율적이라는 생각에서다.

지금도 어딘가에서 단 한 번도 만나지 못한 아버지를 그리워하며 숨죽여 울고 있을 수많은 지현이들을 세상에 알리는 것, 그리하여 그들에게 '한국'이라는 아버지를 갖게 해주고, 어깨를 펼 수 있도록 도와주는 것. 그것이 내가, 또 우리 대한민국 방송이 놓치지 말고 풀어야 할 숙제다.

.
.

흑과 백이 서로를 경계하며
각을 세워 대립하는 세상이 아니라,
흑과 백이 서로를 인정하고 조화를 이루는 세상.
그런 세상이 오면 지현이 같은 아이들이
그 맑은 눈동자에 슬픔을 담는 일은 줄어들지 않을까.

나는 아직도
사랑이
아프다

"내년에도 사랑할래?"

설레는 고백이라면 좋았겠지만, 실상은 무거운 제안이었다. 2008년 가을, 윤미현 CP~Chief Producer~는 내게 〈휴먼다큐 사랑〉(이하 '사랑')에 다시 한번 합류했으면 좋겠다는 의사를 전했다. 방송 첫해인 2006년부터 이 년 연속 '사랑했던' 나는 당분간 '사랑하지 않으리라' 마음먹고 있던 차였다. 〈사랑〉을 같은 피디가 계속 제작할 경우 비슷한 색깔로 정체될 것에 대한 염려 때문이기도 했고, 피디의 본능적 욕구인 다양한 프로그램에 대한 연출욕심 때문이기도 했다. 하지만 며칠을 고민한 끝에 결국 '2009년 사랑호'에 승선하기로 마음먹었다. 그 이유는 단 한 가지. 깊고 숭고한 사랑을 하고 있는 주인공들을 몇 개월에 걸쳐 내 진심을 걸고 사랑할 수 있다는, 향기로운 유혹 때문이었다.

그런 과정을 거쳐 나는 또다시 '풀빵엄마'와 '엄지공주'를 사랑하게 됐다. 2006년 '너는 내 운명'과 2007년 '안녕, 아빠'를 제작할 때는 가슴을 때리며 울었던 '상황들'을 자주 만났다. '풀빵엄마'는 '인터뷰'를 하면서 참 많은 눈물을 훔쳐야 했다. "난 괜찮아요. 다 이겨냈어요"라며 담담한 웃음까지 곁들인 최정미씨의 기구한 과거와 아슬아슬한 현재, 혹시 모를 불안한 장래에 대한 이야기를 들으면서 나는 목구멍에서 올라오는 뜨거운 것을 삼키지 못해 얼마나 꺽꺽댔는지……

나보다 불과 세 살 어린 그녀는 어쩌면 그렇게 세상을 바보처럼 따뜻하게만 바라보는지. 열악하다라는 표현이 무색할 만큼의 악조건 속에서도 아이들을 온몸으로 껴안고 살 수 있는 힘은 대체 무엇인지…… 위암 말기의 싱글맘으로 풀빵장사를 통해 간신히 생계를 유지하면서도 두 아이를 위해 매일을 열심히 살아내는 그녀가 내게 알려준 사랑은, 그 어떤 이유나 조건 없이 무조건적으로 끌어안는 포용이었고, 자신의 모든 것을 기꺼이 내어주는 헌신이었다.

120센티미터의 키와 35킬로그램의 몸무게를 가진 1급 장애인의 몸으로 엄마를 꿈꾸는 '엄지공주' 윤선아씨 부부와는 이미 이 년에 걸쳐 두 편을 제작했기에 다시 그들 부부와 프로그램으로 만나리라고는 생각하지 못했었다. 그런데 주변의 사람들로부터 "엄지공주 아기는 잘 크고 있나?"라는 물음을 계속 받으면서, 그들의 이야기가 세상에 제출해야 할 숙제처럼 느껴졌고 꼭 다시 전해야겠다고 마음먹었다.

그 숙제는 괴롭기보다 아주 흐뭇한 작업이었다. 당시 나는 다섯 살배기의 아빠로서 지난 시절을 복기하듯 엄지공주를 만났고 육아에 대한 조언도 제법 건네줬다. 내 아들이 입었던 옷과 읽었던 책, 신었던 신발 들을 동생에게 물려주듯 엄지공주의 아들 승준이에게 전해주기도 했다.

그동안 〈사랑〉을 제작하면서 참 좋은 사람들을 많이 만났다. 현실적으로 가진 것은 적지만 누구보다도 위대한 사랑을 나누고 있는 사람들 말이다. 그들 앞에서 나는 한없이 부끄러움을 느꼈지만 한편으로는 커다란 삶의 격려와 위로를 받았다. 세상은 분명 살 만한 가치가 있는 곳이며, 목숨을 걸어볼 만한 '진실한 사랑'은 틀림없이 존재한다는 믿음을 선물받았다.

아울러 출연자들 또한 〈사랑〉의 주인공이 됨으로써 특별한 연대감으로 고무됐다. 지금까지 칠 년을 시리즈로 이어오면서 방송됐던 각각의 주인공들은 서로에 대해 유별난 관심과 애정을 가지고 있었고 서로를 특별한 관계로 받아들이고 있었다. 비록 서로 연락을 주고받는 경우는 아니지만, TV로 시청하면서 일반 시청자들보다 더 안타까워하고 더 감동하고 더 위로받는다고 했다. 그들은 피디인 내게 방송에 담기지 않은 내용들과 방송 후의 근황까지 세밀하게 물어오면서 말하곤 한다.

"우린, 사랑 가족이잖아요."

이렇게 사랑으로 똘똘 뭉친 아주 특별한 인연들에 감사하면서도, 2009년을 마지막으로 나는 더이상 사랑하지 않기로 결심했다. 이제는 지리산에서 내려와 고기잡이배도 타고 농사도 짓는 '너는 내 운명'이 맺어준 친구 창원이, 언젠가 성탄절에 보내준 선물이 서로 비슷해 싫다며 심통냈던 '안녕, 아빠'의 규빈이와 영훈이, '풀빵엄마'의 은서와 홍현이, '엄지공주'의 아들 승준이까지…… 더없이 소중한 선물들에 감사하며 그간의 뜨거운 연애를 갈무리했다.

십육 년간 피디로서 어떤 프로그램이고 최선을 다하지 않은 적은 없지만, 〈사랑〉을 했던 기간은 내 인생이 프로그램을 껴안았던 절절한 시간이었다. 마치 내 몸의 세포 하나하나까지 프로그램을 향해 있었던 것 같은 느낌이 들 정도로……

나는 마음이 불안하고 뭔가에 쫓길 때는 늘 악몽을 꾸곤 한다. 학창시절에는 시험지를 백지로 내는 꿈에 시달렸고, 제대 후에는 다시 입대하는 꿈을 꿨다. 요즘은 악몽을 넘어서 가끔 가위에 눌릴 때가 있다. 이불이 축축해질 정도로 식은땀을 흘리기도 하고 소리를 지르다 잠에서 깨기도 한다. 그 꿈들에는 어김없이 내 〈사랑〉의 주인공들이 등장한다. 그들은 나를 원망하기도 하고 위로하기도 한다. 세상과 이별한 내 〈사랑〉의 주인공들. 나는 그들을 떠나보낸 후유증을 아직도 몸살처럼 겪고 있다.

　세 명의 주인공들을 떠나보냈다. '너는 내 운명'의 영란씨, '안녕, 아빠'의 준호씨, '풀빵엄마'의 정미씨. 감히 가족들에 비할 바는 아니겠지만 그들의 떠남을 감당하는 일은 쉽지 않았다. 처음 〈사랑〉을 시작할 때만 해도 이런 상황은 예상하지 못했다. 내가 다루고자 한 주제는 '사랑'이었지, '죽음'이 아니었다.

　우리는 쉽게 사랑을 이야기하지만 사실 진정한 사랑이라 할 만한 사랑을 찾는 일은 쉽지 않았다. 누가 봐도 숭고한 사랑이라고 고개를 끄덕일 수 있는 사랑을 찾기 위해 수많은 사연과 사람들을 만났다. 하지만 진정한 사랑은 평소에는 좀체 모습을 드러내지 않는다. 오히려 사랑은 극단적인 상황 속에서 자기 모습을 잘 드러낸다는 사실을 알게 됐다. 조건 없는 사랑, 헌신적인 사랑, 자기희생적인 사랑…… 온갖 아름다운 사랑의 원형들을 나는 그 안타까운 조건들 속에서 만났다. '너는 내 운명' 때는 우연히 그 상황과 맞닥뜨렸고, '안녕, 아빠' 때는 마음먹고 그 상황을 찾아갔었고, '풀빵엄마' 때는 피하려고 했지만 다시 만나게 됐다. 그리고 결과적으로 그들은 모두 떠나고 말았다.

이별의 아픔을 삭이는 것도 나로서는 쉽지 않은 일인데, 가끔씩 나를 향해 꽂히는 싸늘한 시선은 나를 더욱 힘들게 했다. 2007년 '너는 내 운명'이 반프월드TV페스티벌(반프상의 한국 수상은 1990년 MBC의 고장석 피디가 다큐멘터리 〈해외입양아〉로 수상한 후 두번째다)에서 심사위원특별상을 받았을 때의 일이다. 당시 수상 소식을 전하는 기사에 내가 트로피를 들고 살짝 미소짓는 사진이 함께 실렸다. 우연히 인터넷에서 그 기사를 확인했는데 '수상을 축하한다' '두 사람의 사랑이 정말 아름다웠다'는 수많은 댓글과 함께 이런 댓글이 매달려 있었다.

"영란씨는 죽었는데, 피디는 웃고 있군요."

순간, 심장이 멈춘 것만 같았다.

'아, 이렇게 바라볼 수도 있구나……'

2007년 '안녕, 아빠'가 방영된 후에도 비슷한 일이 있었다. '안녕, 아빠'는 방송 후, 네이버 검색어 순위 1위를 하루 반 동안이나 차지할 정도로 반향이 컸다. 그만큼 시청자게시판도 감동을 표현하는 글들로 넘쳐났다. 그런데 글들을 일일이 읽다가 어느 한 댓글 앞에서 온몸이 얼어붙고 말았다.

"죽음마저도 상업적으로 이용하는군요."

물론 그 댓글에 대해 다른 시청자들이 삐딱한 시선을 비난하는 댓글로 방어막을 굳게 쳐주기는 했다. 하지만 그 손가락질은 방어막을 뚫고 비수처럼 날아와 내 가슴에 박혔다. 그렇다. 나는 그 비난으로부터 100퍼센트 떳떳할 수는 없었다. '상업적'이라는 표현이 과한 것일 수는 있겠지만, 절절한 가족애를 순수한 마음으로 전달하겠다는 생각 이상으로 시청률에 대한 욕심을 내려놓지 못했었다. 피디는 본래 그렇다고 자기 합리화를 하기에는 그 말이 너무 아팠다. 내 마음속 깊숙이 숨어 있던 어떤 죄책감, 애써 외면하고 싶던 스스로의 갈등을 들킨 것만 같았다.

가장 숭고하고 절절한 사랑의 본질을 카메라에 담으면서, 정작 나 자신은 순수하지 못했다는 자책감은 방송을 연출하는 내내 가슴에 가시처럼 걸려 양심을 찔러댔다. 다른 사람들은 감동을 받고 위안을 느낀 사랑이 내게는 한없이 아픈 이유기도 했다.

그럼에도 나는 지금도 〈사랑〉이 맺어준 인연들이 소중하다. '너는 내 운명'의 창원이는 술을 많이 마신 날 전화를 걸어 긴 넋두리를 늘어놓기도 하고, 시상詩想이 떠오른 날에는 문자로 멋진 시를 보내주기도 한다. 나는 정창원 시인의 열렬한 팬이다. '안녕, 아빠'의 규빈이, 영훈이와는 이제 이메일을 주고받으며 안부를 묻는다. 특히 피디에 관심이 생긴 영훈이에게는 프로그램 DVD도 챙겨주고 있다.

'풀빵엄마'의 은서와 홍현이는 가끔씩 함께 식사도 하고 작은 선물도 챙겨주곤 한다. 워낙 새어머니(이모)가 잘 챙기고 있어 고맙고 감사할 뿐이다.

얼마 전에는 엄지공주 식구들과 같이 밥을 먹었다. 승준이에게 챙겨줄 옷가지들도 전해줘야 해서 만났는데, 엄지공주가 그런 이야기를 했다. 적잖은 프로그램에 출연했는데 방송이 끝나고 나서도 개인적으로 연락하고 만나는 피디는 내가 유일하다고. 그녀는 고마움을 표현하고자 한 말이었는데, 나는 왠지 모를 부끄러움에 얼굴이 확 달아올랐다. 물론 그들이 궁금하고 보고 싶고, 그래서 연락한 것은 진심이다. 하지만 그 진심의 뒤편 어딘가에는, 내가 방송을 위해 그들을 이용한 것이 아니라는 사실을 스스로에게 증명하고픈 욕심, 자기 위안을 삼으려는 의도가 눈곱만큼도 없었다고 자신할 수 없기에, 그녀의 이야기에 나도 모르게 얼굴을 붉혔던 것 같다.

〈사랑〉과 작별했지만 나는 여전히 사랑이 아프다. 내가 만난 위대한 사랑들은 삶의 순간순간 내게 묻는다.

너는 정말 진심으로 세상을 사랑하고 있느냐고, 네가 사랑하는 사람들에게 최선을 다하고 있는 것이 맞느냐고, 네가 만드는 방송이 정말 사랑받을 자격이 있느냐고.

믿을 수 없을 만큼 숭고한 사랑들을 만나고 난 뒤, '나는 고작 이것밖에 안 되는가?' 하는 자괴감에 허우적거리기도 하고, 일상적으로 마주치는 '험한 몰골의 사회'에 더 몸서리치기도 한다.

하지만, 그럼에도 나는 사랑을 후회하지 않는다. 아무리 각박하고 험악하더라도, 그래도 세상은 여전히 살 만한 곳이라는 사실을, 세상에는 아직도 아름다운 사람들이 많다는 사실을 깨달았기 때문이다. 앞으로도 오랫동안 나는 사랑 때문에 울고, 사랑 때문에 웃게 될 것이다.

내 편견을 무너뜨린 스타들

"김혜수랑 밥 먹어봤어?"

"최진실이랑 한 번만 만나게 해줘."

1996년 피디가 된 내가 고등학교나 대학교 동창들을 만나면 으레 이런 이야기들을 듣곤 했다. 지금이야 인터넷을 통해 워낙 많은 정보가 유통되고 있어서 피디에 대해서도 어느 정도는 실상이 알려져 있지만, 당시만 해도 피디는 모든 연예인과 친분을 맺고 있다고 오해를 사곤 했다. 피디는 드라마, 예능, 시사교양으로 나뉘어 있고 그중에서 시사교양 피디가 연예인과 제일 접촉도가 낮다고, 오히려 일반인과 더 많이 일한다고 수차례 이야기를 해줘야 겨우 이해를 하곤 했다. 그렇게 이해를 시켜놓아도 가끔씩 전화를 걸어와 묻긴 했지만.

"가수 A랑 배우 B랑 사귀는 거 맞지?"

"그걸 내가 어떻게 알아? 나는 교양 피디라서 모른다고 몇 번을 말해야 알겠냐?"

"야, 같은 방송국에 다니면서 그걸 모르면 어떻게 해."

방송국 안에는 연예인과 관련한 모든 정보가 흘러다니고 있어서 조금만 노력하면 다 알 수 있다는 식의 억지가 내 멱살을 잡곤 했다. 물론 몇 단계 비약된 논리이긴 하지만 부인할 수 없는 사실 한 가지는, 내 친구들보다 연예인과 훨씬 더 가까운 자리에 있다는 것이다. 그렇다. 복도에서 김태희씨를 지나치기도 하고, 빅뱅과 함께 엘리베이터에 타기도 하며, 구내식당 옆 테이블에서 유재석씨가 식사를 하기도 한다. 화장실에서 당대 최고의 아이돌과 나란히 서서 볼일을 보기도 하고, 프로그램 제작을 위해서 하루종일 연예인과 함께 지내는 경우도 있다. 이렇듯 나는 하루에도 수차례 연예인과 시공간을 공유하는 일상을 살고 있는 것이다.

그런데 솔직히 고백하자면, 나는 연예인에게 약간의 편견을 가지고 있었다. '세상에는 세 가지 유형의 사람이 있다. 남자, 여자, 연예인.' 우스갯소리로 떠도는 말이지만 내 생각과 별반 다르지 않았다. 연예인이란 일반적이지 않은 사고와 행동, 정서를 가진 사람들,

다시 말해 아주 특이한 사람들이라는 생각이었다. 우리 사회 평범한 이웃들의 사람 냄새 풀풀 나는 이야기에 귀 기울이고 싶어서 다큐멘터리 피디가 된 나로서는 그 '특이함'이 썩 못마땅했다. 더구나 인기에 대한 집착, 화려한 삶을 추구하는 듯한 모습과 간혹 보이는 보통 사람과는 다른 존재라는 듯한 삶의 태도가 영 마뜩지 않았다.

하지만 그 편견이 깨지는 데 그리 많은 시간이 필요하지 않았다. 물론 내 편견에 어느 정도 부합하는 일부 연예인들이 있음은 부인할 수 없는 사실이다. 그러나 일부의 경우를 가지고 전체 연예인들이 그렇다고 무리하게 일반화시킬 수 없음을 깨닫게 해준 이들도 제법 존재했다. 조명 아래서의 화려함보다 무대 뒤편의 소탈함이 더욱 매력적인 사람들도 있었고, 자신이 소중하게 여기는 가치를 배반하지 않기 위해서 진지한 노력을 하는 이들도 있었다. 오로지 돈과 인기만을 위해 수단과 방법을 가리지 않는 얄팍한 인간형이 있는가 하면, 삶의 향기가 물씬 배어나오는 속깊은 인품의 소유자도 있었다.

편견은 깨지기 위해 존재하고, 그 깨짐으로 인해 더 넓은 시야와 사고가 가능한 법인가보다. 연예인에 대한 내 편견을 가장 통렬하게 뒤엎은 사람들이 있었다. 세 사람 정도인데, 그중 대표적인 한 사람의 이야기를 꺼내기 위해서는 꽤 오래된 기억 하나를 들춰내야 한다. 그러니까 지금으로부터 팔 년 전인 2004년, 내가 〈사과나무〉

라는 교양 프로그램을 연출할 때의 일이다. 〈사과나무〉는 세 코너로 구성돼 있었는데, 어려운 환경에도 불구하고 맨주먹으로 꿈을 향해 돌진하는 학생들을 조명하고 응원하는 '사과나무 장학금', 갈등을 겪고 있는 가족들의 사연을 담은 '인생 대약속', 그리고 유명인들의 오늘을 있게 한 원동력을 묻는 '내 인생의 사과나무'가 그것들이었다. 나는 '내 인생의 사과나무'를 통해 가수 전인권씨를 처음 만났다.

전인권…… 다소 지저분해 보이는 외양의 소유자지만 그는 놀랍게도 어린아이 같은 순수를 간직한 사람이었다. 물론 그에 대한 부정적인 평판이나 시선도 꽤 많다는 것을 나도 잘 알고 있다. 이전까지 산악인 엄홍길씨, 소설가 김훈씨, 디자이너 고 앙드레김씨처럼 사회명사가 다수 출연했던 '내 인생의 사과나무'에 그를 주인공으로 섭외한다고 했을 때, 내부에서도 이견이 있었다. 대마초 흡연으로 사회에 물의를 일으킨 전력 때문에 프로그램의 성격과 맞지 않는다는 주장이었다. 그러나 허물을 넘어서는 그의 우뚝한 장점들이 있음을 알았기에 끝내 의견을 굽히지 않았다.

모든 사람들은 흉허물이 있다. 또한 아무리 실수와 실패로 점철된 사람일지라도 어딘가엔 칭찬받을 장점을 갖고 있기 마련이다. 그 허물들이 그 사람의 장점을 모두 덮을 만큼 크고 깨끗하지 못한 것인지는 응당 따져봐야 할 문제라고 생각한다. 1퍼센트의 흠도 용납하지 않는 순결주의적 도덕관으로 보자면, 사과나무의 주인공은 누구에게도 허락되지 않을 자리였다. "관념 속에서 키워지는 사과나무가 아닌 현실에 존재하는 사람들과 그들에 대한 탐구가 우리 제작진에게 맡겨진 숙제가 아니겠냐"는 설득에 결국 다른 사람들도 수긍했다.

당시 그의 나이는 쉰하나. 서른이면 노장 소리를 듣는다는 그때의 가요계에서 쉰하나는 전설의 나이였지만, 음악에 대한 열정은 청춘의 그것 못지않았다. 새로운 음반을 준비하며 여전히 왕성한 열기를 내뿜고 있는 모습에서 한길을 굽힘 없이 밀고 온 고집스런 '장인기질'이 느껴졌다. 사실 한국적 음악풍토에서 록은 배고프고 조명받지 못하는 길이다. 그 길을 전인권씨는 한치도 벗어나지 않고 뚜벅뚜벅 앞만 보며 걸어왔다. 고등학교 1학년 때 중퇴한 후 열여덟 살부터 클럽에서 노래를 부르기 시작했고, 서른한 살이 된 1985년 대한민국 음악사에 길이 남을 '들국화' 1집을 발매했다. 그렇게 대한민국 록의 신화적 존재가 된 배경에는 그의 무서운 노력이 있었다.

"지금까지 음악을 시작하고 하루에 한 번도 가사 생각을 안 해본 적이 없어요. 방해되는 것들은 절대로 가까이하지 않았어요. 내가 굳이 돈 좀 벌기 위해서 노래를 한다는 것은 우스운 것 같아요."

전인권씨의 트레이드마크인 찢어지는 듯한 고성은 피나는 노력의 결과였다. 처음 그의 음악이 세상에 나왔을 때, 방송심의에서 '창법 미숙'이란 이유로 방송 부적격 판정을 받기도 했지만, 결국 그의 음악은 많은 사람들에게 사랑받았다. 사람들 마음속의 진입장벽을 뚫는 데는 시간과 노력이 필요했지만, 뚫고 나서는 거대한 자기 성을 쌓게 된 것이다. 새로움을 개척하는 도전정신, 꿈을 이루기 위한 끝없는 노력은 경이롭기까지 했다. 그때도 여전히 하루에 스무 곡이 넘는 노래를 연습한다는 그였다.

"나는 언젠가부터 관객하고 권투한다고 생각해요. 관객을 내가 이기느냐 지느냐. 내가 훈련을 안 하고 노래연습 안 하면 완전히 깨지게 돼 있어요."

이야기를 나누면 나눌수록 나는 그의 계산 없이 솔직하고, 쉰하나라는 나이가 무색할 정도로 귀여운 구석에 깊이 매료됐다. 순수하고 계산 없는 그의 면모를 잘 보여주는 에피소드가 하나 있다. 그와 함께 동네를 걸어가던 중에 우연히 동네 꼬마아이와 마주쳤다. 아마도 평소에 잘 아는 아이였던 모양이다. 특유의 어눌한 말투로 그가 말을 걸었다.

"어, 너 오랜만이네. 반갑다. 뭐하니?"

"네, 아저씨. 안녕하세요."

"그래, 자식 많이 컸네. 잠깐만, 내가 뭐 줄 거 없나?"

인사만 하고 지나쳐도 그만일 텐데, 오랜만에 만난 아이에게 뭐라도 주고 싶었는지 그가 주머니를 뒤지기 시작했다. 그리고 구겨진 메모지, 껌종이 같은 것들 사이에서 발견한 것은 꼬깃꼬깃 접힌 10만원짜리 수표였다.

"어, 이게 있었네? 야, 너 이거 가져라."

이 사람 뭔가, 싶었다. 수표를 휴지처럼 꾸겨서 가지고 다니는 것도 평범하지 않은데다가 본인 형편도 넉넉지 않으면서 선뜻 아이에게 큰돈을 건네는 모습도 쉽게 이해가 가지 않았다. 그때의 방송을 보신 분들은 기억할지 모르지만 그는 어렸을 때부터 살던 집에서 변변한 가구도 갖추지 못하고 살고 있었다. 저작권수입은 이십 년을 함께 살다가 2000년에 이혼한 아내에게 모두 보내주고 있었다. "내 여자였는데, 떠나서 춥지 않았으면 좋겠다"는 것이 저작권료를 넘긴 이유였다. 그런 형편이 아니더라도, 자식도 조카도 아닌 그저 알고 지내는 동네아이에게 주기에는 너무 큰돈이 아닌가. 왜 그랬느냐는 물음에 돌아온 답변은 허탈하기 그지없는 것이었다.

"그냥요. 뭐라도 주고 싶어서요."

지금껏 피디로 일하면서 세속적인 계산을 거의 하지 않는 사람을 두 명 만났다. 〈휴먼다큐 사랑〉 '너는 내 운명'의 주인공 창원씨, 그리고 전인권씨였다. 그들은 극단적으로 표현하면 현실 부적응자라고도 할 수 있을 만큼, 세상의 셈법과는 거리가 먼 사람들이었다. 미학적으로만 보면 굉장히 순수하고 아름답지만, 현실적으로 따지면 융통성 없고 답답한 이들이었다. 하지만 나는 그 때 묻지 않은 순수함이 좋았다. 나도 한때는 분명 가지고 있었지만, 지금은 잃어버린 것에 대한 동경이었을 것이다.

그렇게 전인권씨는 촬영을 하면 할수록 좋은 느낌이 계속 흘러나오는 신비한 주인공이었다. 부당한 세계와 타협하지 않고 조화로운 세상을 꿈꾸는 그의 모습 또한 감동적이었다. 서슬 퍼런 5공시절, 집권세력에 의한 찬조공연을 주저 없이 거절했던 일화가 단적인 예일 것이다. 나와 만났던 2004년에는 '아름다운 재단'의 창립을 도와 콘서트를 했고, 공연수익금의 1퍼센트를 기부하는 나눔운동의 대열에도 동참하고 있었다. 양심수를 후원하기 위해 결성된 사회운동단체 '민주화실천가족운동협의회'에서 매년 연말에 벌이는 '양심수를 위한 공연'에는 십 년째 노 개런티로 출연하고 있었다. 한번 자신이 옳다고 생각하면 이것저것 따져보면서 주판알 튕기지 않는 그였다. 나는 일주일간의 촬영을 통해 그의 순수함과 우직함에 깊이 감동하고 말았다.

그런데 촬영을 마치고 편집을 진행하던 중, 뜻밖의 사건이 터졌다. '전인권, 폭력혐의 입건'이라는 타이틀을 단 기사가 인터넷을 도배한 것이다. 그야말로 긴급상황이었다. 방송예고까지 나간 상황에서 그가 또다시 사회적 물의를 일으키다니…… 인간적으로 강하게 매료됐던 주인공인지라 실망감이 밀려왔다. 내가 사람을 잘못 본 것인지, 그럼 지난 일주일간 내가 만난 전인권은 거짓이었는지, 배신감마저 느껴졌다. 하지만 속단은 일렀다. 일단 정확한 사태 파악을 위해 그를 만났다. 그리고 당시 사건을 담당했던 울산경찰서의 형사들과도 연락해 상황을 확인했다. 그 결과, 기사가 오보였다는 사실을 알 수 있었다.

사실 전인권씨는 대상포진이라는 심각한 병을 앓고 있는 상태였다. 일곱 곳의 병원에 입원했다가 퇴원을 반복하면서 몰라보게 머리가 하얗게 셌고 원형탈모가 열일곱 군데나 생겨났다. 당시 사건도 극심한 통증을 진정시킬 진통제를 요구하며 의사와 실랑이를 벌이다가 바닥에 두루마리 휴지를 던진 일이 확대해석된 것이었다. 그런데 '폭력혐의로 입건'이라는 터무니없는 오보와 더불어 '마약성분의 진통제 요구'라는 희한한 타이틀의 기사까지 등장했다. 적지 않은 진통제가 마약성분을 포함하고 있음에도 불구하고 그렇게 부각시킨 이유는 그의 전력 때문일 것이다. 마치 전과자 출신에 대한 사회적 홀대의 이유와 같다고 할까. 그때 현장에서도 "대마초는 치료가 안 되는 거야?"라는 비아냥거림들이 있었고, 그것이 상황의 악화에 일조했다고 한다. 병원 응급실에 한 시간만이라도 있어본 사람이라면 알 것이다. 당장 절박한 고통 속에 있는 환자들은, 그 절박함을 따라오지 못하는 의료진과 종종 실랑이를 벌이곤 한다. 전인권씨 역시 다른 환자들과 다르지 않은 실랑이를 벌였을 뿐이었다.

사태의 전말을 알게 된 후, 그대로 방송을 내보내기로 결론을 내렸다. 진위 여부를 떠나 논란에 휩싸인 주인공을 굳이 내보내야 하나는 우려도 적지 않았지만, 그렇기에 더더욱 방송해야 한다는 생각이 들었다. 프로그램 홈페이지에 비난과 염려가 가득한 의견들이 올라왔지만, 방송을 보고 나면 그의 진심을 알아주리라 믿었다.

다만 대마초에 대한 그의 입장은 방송에 포함시키지 않았다. 우리나라의 경우 대마초에 대한 법적인 태도가 후진적이라는 일부의 주장과 그에 따른 사회적 논란이 있고, 그 논란에 그가 의견을 제시하고 있다는 사실은 알고 있었다. 솔직히 이야기하면 방송을 통해 그런 이야기를 해볼까 하는 생각도 없지 않았다. 왜냐하면 동의 여부를 떠나 그런 주장이 우리 사회에 해로운 것이라고 여기지 않았기 때문이다. 당연히 현행법은 준수돼야 하지만, 현재의 법에 대한 다양한 견해의 제시와 토론, 그를 통한 여러 각도의 모색은 지극히 자연스럽고 바람직한 모습이라고 생각한다. '나와 다른 생각'에 대해 우리 사회가 좀더 관용할 수 있어야 한다고 생각하는 것이다. 하지만 프로그램의 성격에서 벗어난 논의라는 판단에 그 부분은 배제한 채 방송을 편집했다.

다행히 방송이 나간 후 비난은 지지로, 염려는 격려로 바뀌게 됐다. 나이에 얽매이지 않는 열린 마음을 지닌 사람, 음악에 대한 열정으로 똘똘 뭉친 노장의 삶이 시청자의 마음을 움직인 것이다.

그때, 배웠다. 편견의 눈을 감아야 비로소 보이는 것들이 있음을, 선입견의 귀를 닫아야 마침내 들리는 것들이 있음을 말이다.

사실 전인권씨보다 먼저 연예인에 대한 편견에 균열을 일으킨 사람은 이효리씨였다. 이효리씨는 2002년 〈타임머신〉이란 과거사건 재연 프로그램을 연출할 때, 피디와 진행자로 만났다. 당시 그녀는 아이돌그룹 '핑클' 활동을 통해 폭발적인 인기를 얻고 있었는데 〈타임머신〉 초대 여자 MC 박예진씨의 후임으로 그녀가 결정된 것이었다. 제작진도 놀랐다. 〈타임머신〉이라는 프로그램이 예능적인 성격이 제법 있긴 하지만 엄연히 교양 프로그램이었는데, 당대 톱 A급 연예인이 교양 프로그램 진행을 맡게 됐다는 것은 일대 사건이었기 때문이다. 큰 기대를 품지 않고 제안을 했는데 그녀가 덜컥 받아들인 것이었다.

당시 잘나가던 프로그램이 새로 날개를 달게 됐다는 사실에 한껏 고무됐지만, 한편으로는 부담을 느끼기 시작했다. 당대 최고의 인기를 구가하고 있는 여자 연예인과 일을 함께해본 경험 자체가 없었기에 이런저런 걱정과 불안이 두리번거리기 시작했다. 근거 없는 상상이 꼬리를 물었다.

'엄청 까다로울지 몰라.' '제작진을 무시하면 어떻게 하지?' '자기만 챙겨달라고 하는 거 아냐?' '가식 덩어리일지도 몰라.'

하지만 걱정은 기우에 불과했음이 시간의 경과와 함께 드러났다. 그녀는 카메라가 켜져 있을 때와 꺼져 있을 때의 모습이 다르지 않았다. 실제의 모습과 TV에 비춰지는 모습이 확연히 다른 경우를 종종 봐왔던 나로서는 신선한 충격이었다. 특히 이미지 연출이 굉장히 중요한 젊은 여자 연예인이 무대 앞과 뒤의 모습이 똑같이 자연스러운 데 적잖이 놀랐다. 그녀는 소탈함을 넘어 털털한 성격의 소유자였다. 한번은 스튜디오 녹화중에 일탈과 관련한 토크가 벌어졌다. 그런데 그녀가 갑자기 술에 취해 노상방뇨를 했던 에피소드를 풀어놓았다. 무릎을 칠 정도로 재미있는 이야기였지만, 신비한 이미지를 유지해야만 하는 연예인에게는 해가 될 것 같았다. 녹화가 끝나고 그녀에게 물었다

"효리씨, 노상방뇨 이야기 재밌긴 한데 편집에서 빼야 하지 않을까요?"

"왜요?"

"아니, 이미지 관리에 마이너스 효과일 것 같은데."

"괜찮아요. 사실인데요, 뭐."

그녀와 함께했던 일 년여 동안 나는 종종 그녀에게서 하얀색 도화지 같다는 느낌을 받았다. 무슨 색깔을 칠하든지 그대로 묻어나는, 복잡한 계산이 끼어들지 않은 순백색의 솔직함. 그녀의 외모를 뛰어넘는 내면의 매력이었다. 최근에 그녀가 '소셜테이너'로 칭해지며 사회적인 이슈에 대해 많이 발언하는 모습을 보면서 나는 다시금 고개를 끄덕이게 된다. 그녀의 이야기에 100퍼센트 동의해서가 아니라, 자신이 느끼고 판단하는 내용을 거리낌 없이 표현하는 당당함

에 대해서 그렇다. 실제로 적지 않은 연예인들이 사회적 이슈에 대해서, 예민한 주제에 대해서 말하는 것에 대해 커다란 부담을 느끼고 있다. 그것은 아직 우리 사회가 다양성에 대해서, '나와 다름'에 대해서 풍만하게 껴안는 넉넉함을 가지지 못해서인데, 그 때문에 자신의 판단과 주장을 표현하는 연예인들은 별종으로 취급되고 때때로 적대시되곤 하는 형편이다. 그런 현실에도 불구하고 자신의 사회적 발언과 실천에 대해서 솔직하게 드러내고 오히려 행복해하는 모습을 보면서, 혹자는 그녀가 너무 많이 변했다고 하지만 나는 '그녀가 전혀 변하지 않았다'고 생각한다. 지금도 멀리서나마 늘 응원하게 되는 이유는 아마도 그때의 기억에 있지 않나 싶다.

그리고 2010년 국제시사 프로그램 〈W〉를 통해 만난 김혜수씨. 사실 〈W〉는 언론학계나 시민사회에서 높이 평가받는 프로그램임에도 불구하고 낮은 시청률 때문에 방송국에서 '찬밥' 취급을 받고 있었다. 그러다 급기야는 폐지 이야기가 불거지면서 제작진은 자구책 마련에 부심하게 됐다. 시청률과 광고수입으로 프로그램이 평가받는 현실은 받아들이기 힘들었지만, 어쨌거나 돌파구를 찾아야 했다. 처음에는 제작비 절감을 위해 피디가 카메라를 들고 직접 촬영하는 식으로 스태프를 줄였다. 하지만 회사의 입장은 달라지지 않았다. 획기적인 방안이 필요했다. MC의 교체가 논의된 것도 그때였다. 몇날 며칠 소득 없는 회의만 이어지던 가운데, 한 피디가 농담 반 진담 반으로 김혜수라는 이름을 꺼냈다. 그녀와 함께 네팔로 봉사활동 촬영을 다녀온 피디였다.

"내가 얼마 전에 김혜수씨랑 네팔을 다녀왔잖아. 진짜 깜짝 놀랐다니까. 자기 돈으로 애들 선물을 사왔더라고. 그리고 촬영을 마쳤는데도, 애들 머리를 직접 감기는 거야. 몇 달 동안 제대로 씻지 못해서 머리에 이가 득시글한데, 꺼리는 기색 없이 손수 씻기더라고. 이 사람, 뭔가 다르다 싶었어."

"그래? 의외네? 그런데 김혜수씨는 갑자기 왜?"

"아니, 나한테 그러는 거야. 자기가 〈W〉 열혈 팬이라고…… 한 번 말이라도 꺼내보면 어떨까?"

화제성으로 보자면 그만한 선택은 없을 듯했지만, 두 가지 우려가 있었다. 하나는 그런 톱스타가 심야 교양 프로그램 MC를 받아들일까의 문제였고, 또다른 하나는 프로그램의 특성상 진행자에게 상당 수준 이상의 지식이 요구된다는 점이었다. 하지만 일단은 부딪쳐보기로 했다. 별반 가능성이 크지 않아 2순위, 3순위 후보자들도 미리 정해놓았다. 그런데 하필 섭외의 임무가 내게 주어졌다. 어렵사리 그녀를 만났다. 정말 그녀는 〈W〉를 열심히 시청하고 있고 〈W〉의 제작정신에 깊이 공감하고 있었다. 〈W〉가 정말 잘되기를 바라는 마음도 절절했다. 그리고 그녀는 세상의 일들에 관심도 많고 아는 것도 많은 사람이었다. 대화중에 그녀가 꺼내놓은 관심의 키워드들, '공정무역' '토종씨앗운동' '작가 목수정' '생태페미니스트 반다나 시바Vandana Shiva' '환경운동가 데이비드 드 로스차일드David De Rothschild' 등. 듣고 있는 나로서는 모르는 단어들도 적지 않아 속으로 꽤나 긴장을 해야 했다. 그저 다 아는 것처럼 고개만 끄덕이면서……

결국 그녀는 〈W〉호에 승선했다. 〈김혜수의 W〉가 탄생한 것이다. 그녀는 내가 경험했던 MC 중에서 가장 열정적이었다. 일단 아이템이 결정되면 관련 자료를 모두 찾아 공부했고 촬영방향 및 녹화에 대한 아이디어를 쉴 새 없이 제작진에게 전달했다. 특히 작가들에게는 새벽이든 아침이든 시도 때도 없이 연락을 했다. 잠이 많은 한 작가는 상당히 괴로워했다. 그것도 모자라 스튜디오 녹화 전에 반드시 VTR을 미리 봤다. 자막과 내레이션이 없는 편집본 상태라도 상관없어했다. 그렇게 보고 난 느낌을 간직한 채로 스튜디오 녹화에 임하고자 했던 것이다.

방송이 시작되고 한 달이 지나자 김혜수씨는 촬영현장에 함께하고 싶다는 욕심을 표현했다. 자칫 아이템에 따라서는 현장의 안전이 보장되지 않을 수도 있지만, 그녀는 현장으로 달려가고 있는 마음을 제어할 수 없었던 것 같다. 결국 담당 피디로 내가 결정됐고 자료조사를 통해 아프리카로 방향을 잡았다. 아프리카 3개국(라이베리아, 말라위, 콩고민주공화국)의 아이들을 통해 아프리카의 슬픈 현실을 담고자 했다. 보름에 걸친 촬영일정이 잡혔고, 나와 카메라맨은 김혜수씨보다 사흘 먼저 출발하기로 했다.

그녀는 차근차근 준비를 했다. 아이들 선물을 준비한다며 촬영할 아이들에 대해서 꼼꼼히 물어왔다. 또 아프리카 초행의 필수코스인 황열병 예방주사도 맞았다. 그리고 거의 대부분의 사람들이 겪는 황열병 예방접종 후유증을 유독 심하게 앓았다. 감기와 몸살증세로 이틀을 몸져누웠다. 그 와중에도 곧 만나게 될 아프리카 아이들을 생각하며 행복해했다. 그런데 나와 카메라맨이 라이베리아에 도착했을 때, 우리가 결코 원하지 않는 상황이 벌어졌음을 알게 됐다. 회사에서 일방적으로 〈W〉의 폐지를 발표한 것이다. 상황 대처를 위해 국내 제작진과 김혜수씨의 논의가 필요했고, 결국 그녀의 아프리카 출장은 아쉽게도 취소됐다. 나중에 내가 촬영해간 아이들의 영상을 보면서 그녀는 더욱더 가슴 시려했다.

사 개월 정도를 함께했다. 비록 짧은 시간이었지만, 그녀가 프로그램에 보여준 애정과 열정은 놀랍고도 고마웠다. 그녀가 온몸과 온 마음으로 함께하고자 했던 〈W〉의 정신, 즉 아동, 여성, 인권, 평화, 환경의 가치를 지키는 방송은 장차 어떤 이름의 프로그램이 되든 반드시 부활할 것이다.

.
.
그때, 배웠다.
편견의 눈을 감아야
비로소 보이는 것들이 있음을,
선입견의 귀를 닫아야
마침내 들리는 것들이 있음을 말이다.

그녀 생애 마지막 스캔들

"언니, 처음 만났을 때 제게 내밀어주신 따뜻한 손길은 평생 잊지 못할 겁니다. 감사합니다. 아이들, 저도 잘 챙길 수 있도록 노력할 거고요……"

홍진경씨는 '고 최진실씨에게 한마디' 인터뷰를 시작하면서부터 이미 얼굴이 눈물, 콧물로 범벅이 됐고 목까지도 온통 벌겋게 달아올랐다. 한마디 한마디가 마음 깊은 곳으로부터 우러나오는 진심의 이야기들이었다. 그런데 갑자기 그녀가 말을 끊었다.

"저, 이 인터뷰 다시 할게요. 제가 어제 마음속으로 언니에게 약속했거든요. 절대로 언니 앞에서 울지 않겠다고요. 웃으면서 용기내겠다고요."

결국 그녀는 억지로 밝은 표정을 지으며 '언니에게 한마디' 인터뷰를 마쳤다.

인터뷰를 마치고 다음 촬영장소로 이동하고 있는 도중, 나는 그녀의 매니저로부터 전화를 받았다. 처음 인터뷰는 꼭 빼달라고. 수없이 많은 연예인 인터뷰를 경험했지만 가장 마음에 와 닿는 인터뷰를 편집에서 빼달라는 경우는 처음이었다. 아니, 처음이자 마지막일 것이다. 더러는 일부러 눈물을 연기하는 인터뷰이들도 만났는데, 감정의 최대치를 가장 자연스럽게 표출한 인터뷰를 빼달라는 그녀의 진정성을 외면할 수는 없었다.

홍진경씨는 최진실씨와의 첫 만남을 잊지 못한다고 했다. 슈퍼모델 출신으로 연예 프로그램 리포터를 맡으면서 방송에 데뷔했던 진경씨. 톱스타들의 촬영현장을 쫓아다니는 것이 그녀의 임무였는데 늘 몇 시간은 아무렇지도 않게 대기해야 했다고 한다. 그런데 당시 최고의 위치에 있던 최진실씨는 주눅들어 쭈뼛거리던 그녀에게 먼저 따뜻한 말을 걸어줬다고 했다.

"어이, 꺽다리, 밥은 먹었니? 이리 와서 이것 좀 먹어."

그렇게 맺은 소중한 인연을 평생 간직하고 싶었던 진경씨에게 2008년 10월 2일은 머릿속에서 지우고만 싶은 날이 됐다.

2008년 10월 2일, 그날 무슨 일이 벌어졌는지를 기억하는 사람은 많지 않을 것이다. 하지만 그 이름을 듣는 순간, 누구나 당시의 충격과 슬픔을 떠올리게 될 것이다.

그날, 배우 최진실씨가 세상을 떠났다.

그녀 나이, 마흔한 살이었다.

그녀의 삶을 재조명하는 추모다큐멘터리를 제작하기로 결정했다. 일주일이라는 짧은 시간 동안 제작해야 했기에, 나를 포함한 네 명의 피디가 공동연출을 맡기로 했다. 사실 연예인의 죽음에 연예정보 프로뿐 아니라 다큐멘터리까지 나서는 것은 흔치 않은 일이다. 그만큼 최진실이라는 배우가 한국 대중문화계에서 차지했던 비중, 그녀의 죽음이 한국 사회에 던진 파장이 컸던 것이다. 그녀를 좋아하는 사람이든 좋아하지 않는 사람이든, 그녀의 죽음이 안긴 충격은 상상 이상이었다. 이십 년 동안 정상을 지켰던 그녀는 우리가 입학하고 졸업하고 취직하고 결혼하는 모든 과정 동안 함께했던, 대중과 가장 가까이 있던 배우였다. 그런 그녀의 죽음은 단순히 별 하나가 지는 의미가 아니었다. 사람들은 삶의 중요한 한 조각을 잃은 듯 충격에 휩싸였다. 나 역시 다르지 않았다.

그녀가 풋풋한 새댁의 모습으로 분해 "남자는 여자 하기 나름이에요"라고 속삭이던 광고로 폭발적인 인기를 얻었을 때, 나는 운동권 학생으로 나름 치열한 하루하루를 보내고 있었다. 어떻게 하면 세상을 바꿀 수 있을지에 대한 생각으로 머릿속이 꽉 차 있던 시절이었다. TV를 마주하는 시간이 일주일에 한 시간도 되지 않았지만, 잠깐 켠 TV에서 그녀는 어느새 나를 향해 밝게 웃으며 손을 흔들고 있었다. 시대와의 불화로 고민을 지속했던 나날들이었지만, 혈기왕성한 청년이 매력적인 여성에 대한 호감마저 잊고 지냈던 것은 아니었다. TV, 신문, 잡지 등 모든 미디어를 통해 그녀와 거의 매일 만날 수 있었고, 그녀의 상큼한 미소를 볼 때마다 괜히 마음이 설레었다. 그만큼 그녀의 등장은 당시로서는 '혁명적'이었다.

이후 시간이 흘러 그녀가 두 아이의 엄마가 됐을 때, 더이상 눈가의 주름을 감출 수 없는 나이가 됐을 때, 그만큼 똑같이 세상을 살아낸 나는 더이상 그녀에게 설렘을 느끼진 못했다. 대신 함께 시간을 걸어온 동지애 같은 것을 느끼곤 했다.

"야, 최진실도 늙는구나."

방송을 보며 탄식처럼 읊조렸던 이야기는 안타까움이라기보다 반가움이었다. 만인의 연인도 나이를 먹어간다는 사실은, 일상에 치여 살아가는 내게 일종의 위안과 함께 그녀 역시 '나와 똑같은 사람'이라는 유대감을 만들어줬다. 그런 그녀가 세상을 떠났을 때, 그것도 스스로 목숨을 끊었을 때, 나는 아주 친한 친구를 잃은 것 같은 커다란 슬픔을 느꼈다. 아마, 많은 사람들이 그러했으리라.

다큐를 준비하면서 그녀가 얼마나 열정적인 배우였고 얼마나 일을 사랑했는지, 새삼 감탄했다. 그녀의 유작이 된 MBC 드라마 〈내 생애 마지막 스캔들〉은, 배우로서는 이례적으로 캐스팅에서부터 그녀가 힘을 쏟은 작품이었다. 남자 주인공이었던 배우 정준호씨는 최진실씨의 삼고초려에 출연을 결심했다고 밝혔다.

"사실 저는 남다른 게 이 드라마를 하자고 했을 때 제가 몇 번 거절을 했었거든요. 근데 드라마 대본을 가지고 제가 광고를 찍는 현장에, 그것도 밤에 바나나하고 음료를 사서 찾아오셨더라고요."

촬영이 시작된 후에도, 그녀의 열정은 사그라지지 않았다. 항상 촬영장에 가장 먼저 도착했고 절대 대본을 손에서 놓지 않았다. 매일 밤샘촬영이 이어졌지만, 잠깐 허락되는 휴식시간에도 그녀는 홈페이지에 올라온 시청자의견을 읽었고 동료 배우들에게 이야기해줬다. 일상과 연기의 경계 없이, 일상이 곧 연기고 연기가 곧 일상이었던 배우였다, 그녀는.

하지만 정작 내 마음을 잡아끌었던 부분은, 배우 최진실의 모습이 아니었다. 배우 최진실 뒤에 가려져 있던 엄마 최진실을 나는 방송을 준비하며 처음 만났다. 물론, 그녀가 이혼 후 두 아이를 혼자 키우는 싱글맘이라는 사실은 그전에도 알고 있었다. 하지만 그것이 전부였다. 그녀가 어떤 마음으로 두 아이를 키워냈는지, 그녀는 어떤 엄마였는지에 대해서는 아는 것이 없었다.

엄마 최진실은 참 약한 사람이었다.

그녀는 혼자서 두 아이를 잘 키울 수 있을지 끊임없이 불안해했고, 자신이 아이들에게 좋은 엄마가 될 수 있을지 걱정했다. 메이크업아티스트 조성아씨는 그녀가 외로움을 많이 타는 성격이었다고 했다.

"그렇게 외로우면 남자친구를 사귀어라, 보통 그런 얘기 하잖아요. 그런데 자기가 자기를 너무 잘 알고. 조성민씨와 어떤 열정적인 사랑을 했는지 우리는 너무 잘 알고 있잖아요. 자길 너무 잘 알고 있기 때문에 아이들을 생각해서는 다시 연애를 할 수 없다고 했어요. 아이들한테 모든 것을 쏟는 그 사랑이 분산되고, 그것을 자기가 컨트롤하지 못하게 될까봐 걱정했어요."

몸으로 아이를 낳았다고 해서 모두가 '엄마'가 되는 건 아니다. 내가 아닌 다른 사람의 인생까지 책임져야 한다는 것, 1인분이 아닌 2인분, 혹은 3인분의 인생을 살아야 한다는 것은 누구에게나 부담스러운 일이다. 그런 부담을 견뎌내고 받아들이면서 조금씩 나아갈 때, 우리는 비로소 '엄마'가 되고 '아빠'가 된다. 아이를 낳는다고 바로 부모로서의 마음을 가지게 되고, 부모로서 행동하게 되는 것이 아니라는 사실을 내 아이를 낳고 키우면서 배운 나였기에, 그녀가 가졌던 걱정과 불안을 이해할 수 있었다.

하지만 엄마 최진실은 참 강한 사람이기도 했다.

결혼 이 년 만에 별거, 지루한 이혼공방과 폭행사건으로 그야말로 나락에 떨어졌던 그녀였다. 여배우로서의 이미지가 망가질 대로 망가진 그녀가 다시 복귀를 결심했던 것은 오직 아이들 때문이었다. 방송복귀 기자회견에서 그녀는 부끄럽지 않은 엄마가 되기 위해, 카메라 앞에 섰다고 털어놓았다.

"제 이름 때문에 고통받아야 하는 아이들을 생각하면, 그동안 십 년 넘게 연기를 하면서 얻은 최진실이란 이름을 반납하고 싶었습니다. 그러던 어느 날 제가 깨달은 건 우리 아들 환희가 이제 많이 커서 TV를 보는 시청자가 됐습니다. 그런 환희의 모습을 지켜보면서 내 역할과 직업을 보여주는 엄마가 돼야겠다고 생각했습니다."

부모 노릇은 한 가지 모습만이 아니다. 누군가는 아이들을 꼼꼼히 보살피고 앞에 놓인 장애물을 치워주며 아이가 좀더 곧고 바른 길을 걸을 수 있도록 힘을 쏟는다. 하지만 어찌 그것만을 부모의 모습이라 할 수 있으랴. 최진실씨는 스스로가 부끄럽지 않은 배우가 되는 것, 자신의 분야에서 최선의 노력을 발휘하는 사람이 되는 것으로 엄마의 역할을 대신했다. 아이들이 자랑스러워하고 아이들이 닮고 싶은 사람이 되는 것, 그것 역시 중요한 부모 노릇이 아닐까.

사람들의 편견에 맞서 온갖 쑥덕거림을 뒤로하고 다시 TV에 모습을 드러냈던 그녀는 누구보다 강한 엄마였다. 복귀작인 KBS 드라마 〈장밋빛 인생〉으로 상을 받았을 때, 그녀는 수상소감에서 밝했다.

"정말 너무 감사하고요. 제가 여자로서 잘한 일은 우리 두 아이의 엄마라는 사실이고요……"

누구보다 자신의 일을 사랑했고, 아이들을 사랑했던 그녀는 왜 그 모든 사랑을 내려놓고 떠나야만 했을까. 다큐를 만드는 내내 머릿속을 맴돌았던 그 질문은 결국 답을 찾지 못했다. 누군가는 익명 뒤에 숨은 대중의 폭력성을 비난했고, 누군가는 그녀의 우울증을 지목했다. 하지만 누구도 분명한 답을 말할 수 없다. 오직 그녀만이 진실을 알고 있을 터이기에 영원한 미제로 남게 됐다.

살면서 만나게 되는 모든 의문이나 궁금증을 반드시 풀어야만 하는 것은 아니다. 때론 그저 미해결의 과제로 남겨둬야만 하는 것들도 있다고 생각한다. 내가 품은 궁금증이 누군가의 상처를 후벼파는 날카로운 발톱이 될 때는 더더욱 그렇다.

2011년 5월 27일 〈휴먼다큐 사랑〉 '진실이 엄마'가 방송됐다. 그로부터 이 년 반 전, 추모다큐 〈MBC스페셜〉 '시대의 연인, 최진실'을 방송할 때, 나는 환희, 준희의 미래를 염려해 모자이크 가면을 씌웠었다. 그런데 이번에는 환희, 준희가 뽀얀 얼굴을 그대로 드러낸 채 화면에 등장했다. 예쁘게 잘 자라고 있어 촉촉한 마음을 쓰다듬으며 방송을 보게 됐다. 환희가 그랬다.

"엄마처럼 탤런트가 되고 싶어요. 엄마가 열심히 하셔서 상을 백 개도 넘게 타셨어요. 저도 엄마처럼 돈도 많이 벌어서 아들딸 먹여살리고 싶어요."

준희도 역시 엄마처럼 탤런트가 되고 싶다고 했다. 최진실씨는 아이들에게 당당하기 위해서, 어려움 속에서도 배우의 길을 고집했었다. 열심히 노력하고 자신의 분야에서 인정받는 사람의 모습을 보여주기 위해서 외롭게 투쟁했던 그녀였다.

그런 그녀의 모습을 아이들이 닮고 싶다고 한다.

세상의 아빠, 엄마 들이 아이들로부터 제일 듣고 싶어하는 말 한마디가 "아빠처럼 되고 싶다" "엄마처럼 되고 싶다"가 아닐까. 비록 길지 않은 시간 엄마로 함께했지만, 누구보다도 여운이 짙은 '엄마의 삶'을 살다간 그녀. 아이들의 바람이 하늘에 닿아 그녀가 예의 그 아름다운 미소로 고개를 끄덕였으면 좋겠다.

에필로그

당신의
아름다움의 순도는
몇 퍼센트인가

 2009년 가을, 신종플루로 전 세계가 공포에 휩싸였을 때, 나는 〈W〉를 통해 브라질로 취재를 갔다. 브라질은 한 도시의 젊은 시장이 신종플루로 사망하면서 나라 전체가 충격과 공포에 깊이 잠겨 있었다. 사회적 위치나 빈부에 상관없이 누구에게나 찾아올 수 있는 바이러스라는 사실이 사람들을 더욱 두려움에 떨게 했다.

 당시 나는 신종플루로 인한 사망자수가 팔백여 명으로 세계 최대를 기록하고 있는 브라질의 상황을 통해, 이 바이러스의 실체와 대책에 대해 알아보고자 했다. 시장 사망사건도 취재했고 신종플루에 대한 브라질 의료계의 입장, 대책을 세우고 있는 브라질 정부의 입장도 충분히 취재했다. 그런데 정작 환자를 취재할 수 없었다. 신종플루 전문병원에 부탁했지만 병원 규정상 안 된다는 거였다. 취재의 생생함을 위해서는 피해 당사자인 환자의 취재가 필요했기에 다시 병원 책임자에게 호소했다. 지구 반대편에서 조그만 6밀리미터 카메라를 들고 혈혈단신 취재온 내가 가련해 보였는지 그가 고민 끝에 허락을 했다. 결국 나는 신종플루에 걸려 심각한 증상을 보이고 있는 20대 여대생과 30대 여성을 바로 코앞에서 촬영할 수 있었다. 촬영을 다 마치고 돌아서려는 순간, 병원 책임자가 꼭 전할 말이 있다고 했다.

"당신은 지금 위험 부담을 안고 취재했으니까 잠복기 일주일은 유심히 체크하시고, 가족 중에 면역력이 떨어지는 어린아이가 있을 경우, 접촉을 피해주세요."

사실 코앞에서 환자를 찍을 때 어느 정도 각오는 했었지만, 가족 생각까지는 미처 하지 못했다. 갑자기 온몸에 냉기가 흘렀다. 오만 가지 생각들이 머릿속에서 앵앵거렸다. 평소 〈W〉 출장을 일주일여 다녀오면, 현관문을 열었을 때 달려오는 다섯 살배기 아들을 꼭 안아주는 것이 가장 큰 행복이었는데…… 결국 일주일 정도를 집에 들어가지 않기로 했다. 집 근처 여관에 짐을 풀고 아들과 통화를 했다.

"응. 아빠 출장이 길어져서 한 일주일 더 있다가 들어가야 돼."

세상 물정 모르는 아들 녀석은 자기가 부탁한 장난감을 샀는지만 확인하고는 휙 전화를 끊었다. 물론 통화의 끝은 "아빠, 사랑해"였지만. 그날 도무지 다가오지 않는 잠을 뒤로한 채 많은 것들을 생각해봤다.

'나는 무엇 때문에 이 고생을 사서 하는가?'

그동안 정신없이 달려왔다. 번듯한 휴가 한번 제대로 써본 적 없고, 휴일도 반납한 채 일해왔다. 각종 위험이 도사리고 있는 열대지방과 오지, 고산지대까지 가리지 않고 다녔고, 일촉즉발의 전쟁터도 겁 없이 드나들었다. 왜 그랬을까. 무엇 때문에 그랬을까.

피디적 사명감? 자아실현? 직업의식? 먹고살기 위해서?…… 전부 맞는 이유들이다. 내 직업적 분투에는 여러 가지 이유들이 복합적으로 작용하고 있다. 나는 '건강한 사회를 만드는 데 기여하는 프로그램'을 위해 노력하고, 내가 열심히 만든 프로그램을 통해 세상과 대화하는 즐거움을 만끽하기 위해 만전을 기하며, 피디로서 프로페셔널한 모습을 지키기 위해 촉각을 곤두세우고, 이렇게 일한 대가로 가족과 행복하게 살기 위해 신경을 쓴다. 어느 이유 하나가 홀로 100퍼센트를 점령하고 있지는 못하다. 무릇 세상의 모든 사물과 사람, 사회에는 한 가지로 무질러버릴 수 없는 다양한 모습과 복잡한 작동원리, 다단한 변화의 이유가 있기 마련이다. 거기에는 상쾌하고 긍정적인 면이 있는가 하면, 어둡고 침침한 구석이 있기도 하다. 물론 무엇이 주요한 측면인지는 반드시 판단돼야 할 사항이다.

내가 만났던 아름다운 사랑의 주인공들 또한 100퍼센트 무결점의 존재들은 아니었다. 그들은 평범한 우리의 이웃들이었고, 현실세계에 존재하는 보통 사람들이었다. 그렇기에 다소 수다스러운 면이 있을 수도 있고 담배를 좀 많이 피우는 결점이 있을 수도 있으며 운전습관이 많이 과격할 수도 있다. 또, 같은 실수를 자주 반복할 수도 있고 남의 말에 별로 귀 기울이지 않는 고집이 있을 수도 있으며 불량식품을 좋아할 수도 있다.

그럼에도 불구하고 그들의 삶을, 그들의 사랑을 모두가 '아름다운 것'으로 판단하는 이유는, 다양한 모습 속에서도 아름다운 모습이 절대적으로 주요한 모습이기 때문이다. 나는 이것을 두고 '아름다움의 순도純度'라고 표현하고 싶다. 아름다움을 계량화해서 수치로 나타내는 것은 불가능하지만, 어림잡아 대강의 윤곽을 잡아볼 수는 있지 않을까. 그런 면에서 보자면, 내가 만났던 위대한 사랑의 주인공들은 아름다움의 순도가 최소 90퍼센트 이상씩은 되지 않을까 생각한다.

우스갯소리를 하자면, 나는 내 프로그램의 출연자를 결정하기 위해서 수많은 사람과 사연 들을 미리 만나보는데, 그때마다 '순도계'를 가지고 나간다. 그들 삶의 아름다움의 순도를 재보기 위해서다. 순도계가 높은 곳에서 깜빡거릴 때, 나는 비로소 그 사연들과 특별한 인연을 맺게 되는 것이다. 아름다움의 순도가 높을수록 전염성도 강하다. 그래서 그들의 삶이 TV에 등장하면, 많은 사람들이 가슴 속 깊은 울림을 전달받게 되는 것이다.

가끔씩 그 순도계를 내 가슴에도 대본다. 차마 그 수치를 내 눈으로 볼 수 없어 아직 확인한 적은 없다. 51퍼센트는 되는 걸까. 내 삶의 아름다움이 부끄러운 얼굴을 이기고 있기는 한 걸까. 나는 내 삶의 탁한 모습들을 잘 알고 있다. 머릿속에 제법 잘 정돈된 올바름들을 자꾸만 거역하는 내 몸의 버릇들을 부끄럽지만 알고 있다. 알면서도 자꾸 헛디디게 되는 내 삶이 너무 미워서 못 견딜 때도 있다. 하지만 모쪼록 내가 바라는 것은, 더딘 속도일지라도 내 삶이 아름다움의 순도를 점차 늘려가는 쪽으로 방향성을 가지게 되는 것이다. 또 내가 프로그램을 통해 이루고자 하는 것도, 지금 당장은 저마다 순도의 숫자를 다르게 갖고 있지만, 모든 사람들이 자기 아름다움의 순도를 점차 늘려가는 방향을 향해 움직이게 되는 것이다.

이 책 『살아줘서 고마워요』를 통해 아름다움의 순도가 높은 사람들, 삶들을 다시 소개했다. 우리는 TV를 통해서 만난 감동들을 정말 쉽게 잊어버린 채 살곤 한다. 뜨거운 눈물을 흘리며 감동을 받을 때는 오래도록 가슴에 새기고 살겠다며 다짐하지만, 뒤돌아서서 바쁜 일상으로 들어서면 그 기억은 빛의 속도로 휘발되고 만다. 그래서 이 책을 쓰고자 했다. 감동의 온기를 곁에 오래도록 붙잡아놓을 수 있도록, 모두가 고개 끄덕일 만한 깊은 감동의 사연들, 사람들, 삶들을 엄선해서 모아놓았다.

2011년 12월 16일 〈MBC스페셜〉 '제니의 꿈'이 방영되고 나서부터 이 책을 쓰기 시작했다. 그랬던 것이 장장 구 개월이 흘러서야 마지막을 볼 수 있게 됐다. 워낙에 글 쓰는 게 업이 아니기도 하지만, 중간에 정신집중을 힘들게 한 많은 사건(?)들이 있었다. 아들의 역사적인(!) 초등학교 입학과 회사의 백칠십 일에 걸친 파업(!!), 그리고 불현듯 찾아온 지독한 허리디스크. 그중에서도 허리디스크 발병은 내 모든 에너지를 빼앗아간 듯했다. 성실한 가장 노릇도, 신실한 파업동지 역할도, 그리고 근실한 초보작가의 임무까지도, 뭐 하나 제대로 하지 못했다. 초짜 학부모의 좌충우돌을 홀로 담당해준 사랑하는 아내와 씨름, 말타기를 참아준 아들 정욱이에게 고맙고 미안한 마음을 감출 수가 없다. 두 사람의 도움이 없었다면 디스크에 지고 말았을 것이다.

그래도 디스크 덕분에 바닥에 부드러운 것을 깔고 엎드려 노트북 자판을 두드리다보니, 가슴이 따뜻한 채로 글을 쓸 수 있었다. 그 따뜻한 기운이 책을 읽는 모든 분들께 전해지기를……

살아줘서 고마워요
ⓒ유해진 2012

1판 1쇄 | 2012년 10월 8일
1판 6쇄 | 2014년 5월 16일

지은이 유해진 | 펴낸이 강병선
기획·책임편집 고아라 | 편집 염현숙 | 독자모니터 전혜진
디자인 엄혜리 이효진 | 마케팅 정민호 이연실 정현민 지문희 김주원
온라인 마케팅 김희숙 김상만 한수진 이천희
제작 강신은 김동욱 임현식 | 제작처 미광원색사(인쇄) 한영제책사(제본)

펴낸곳 (주)문학동네
출판등록 1993년 10월 22일 제406-2003-000045호
주소 413-756 경기도 파주시 문발동 파주출판도시 513-8
전자우편 editor@munhak.com | 대표전화 031) 955-8888 | 팩스 031) 955-8855
문의전화 031) 955-1933(마케팅), 031) 955-1915(편집)
문학동네카페 http://cafe.naver.com/mhdn | 트위터 @munhakdongne

ISBN 978-89-546-1931-8 03810

* 이 책의 판권은 지은이와 문학동네에 있습니다.
  이 책 내용의 전부 또는 일부를 재사용하려면 반드시 양측의 서면 동의를 받아야 합니다.
* 이 도서의 국립중앙도서관 출판시도서목록(CIP)은 e-CIP홈페이지(http://www.nl.go.kr/ecip)와 국가자료공동목록시스템(http://www.nl.go.kr/kolisnet)에서 이용하실 수 있습니다.
  (CIP제어번호: CIP2012004287)

www.munhak.com